BORDIGHERA POETRY PRIZE 14

DRIVING WEST
ON THE PULASKI SKYWAY

by
JOHN ORTENZIO BARGOWSKI

GUIDARE VERSO OVEST
SULLA SKYWAY PULASKI

traduzione di
AMBRA MEDA

BORDIGHERA PRESS

Library of Congress Control Number 2012948619

The Bordighera Poetry Prize
is made possible by a generous grant from
The Sonia Raiziss-Giop Charitable Foundation.

Cover art: "West of 1 & 9," by Tim Daly; photographer Ed Fausty.
Cover design by Deborah Starewich.

Tim Daly grew up in Jersey City Heights and early on saw the sprawl of industry, roads, bridges, and railroads across the lower Hackensack meadowlands. These became the main subjects of his paintings. He lives and works in Hoboken, NJ. **timdaly.artspan.com**

Printed in the United States.

Published by
BORDIGHERA PRESS
John D. Calandra Italian American Institute
25 W. 43rd Street, 17th Floor
New York, NY 10036

Bordighera Poetry Prize 14
ISBN 978-1-59954-049-8 (softcover)
ISBN 978-1-59954-048-1 (hardcover)

Driving West on the Pulaski Skyway

Guidare verso ovest sulla skyway Pulaski

"Locality gives art"

— *Robert Frost*

"As one, who from a dream awaken'd, straight,
All he hath seen forgets; yet still retains
Impression of the feeling in his dream"

— *Dante Alighieri*

For all my family,

those sleeping and those awake

TABLE OF CONTENTS

Indice

Believing the Wren

I wish there had been blood
  in the snow, an abrupt end
to tracks behind the barn,
  maybe a barred feather caught
in the buckthorn, or a sudden
  shift in the wind, some sign
of the kind of day it would be.
  If anything it was warm
for the season, nothing moved
  from branch to branch in
the slender trees, stretched
  pointed wings, or warned
that by evening I would chant
  the Asperges with the priest
as his chrismed thumb anointed
  my broken daughter's senses,
that no matter how much I
  believed the wren able
with a touch of bark to start
  the yellow root trilling a long,
wild, ringing melody up
  through the loam, I couldn't
save her, or change the certainty
  I would lie awake until dawn
listening to the night birds' call
  and call back, the room slowly
turning the color of the sound
  horned owls make at night.

CREDERE NELLO SCRICCIOLO

Vorrei che ci fosse stato il sangue
 nella neve, una fine improvvisa
delle tracce dietro al fienile,
 forse una piuma incastrata,
impigliata nella frangola, o un'improvvisa
 variazione di vento, un indizio
del giorno che sarebbe stato.
 Se non altro era caldo
per la stagione, nulla si muoveva
 da ramo a ramo fra
gli alberi slanciati, ali
 spiegate avvertite, o messe in guardia
che la sera avrei recitato
 l'Asperges col Pastore
mentre il suo pollice crismato ungeva
 i sensi disfatti di mia figlia,
che, per quanto
 avessi creduto lo scricciolo capace
con un tocco di corteccia di indurre
 la radice gialla a trillare una lunga,
selvaggia, sonora melodia
 attraverso il terreno, non ho potuto
salvarlo, o cambiare la certezza che
 sarei stato sveglio fino all'alba
ad ascoltare i richiami notturni
 degli uccelli, la stanza cambiare
lentamente il colore del suono
 che i gufi virginiani fanno di notte.

THE PURPLE BIKE

A year after the wake
we still suspected each other
of pulling over, shutting
the engine off, and waiting
just up River Road,
watching from the pitch black
of Garrison's woodlot
for the other's high beams
to swing into the drive,
neither of us wanting
to be the first home
from work, arriving each
night minutes and minutes
later even though
we'd both agreed being
alone in the car with the radio
turned up could be
worse, approaching the low
curb with both hands
on the wheel as though her
Schwinn might be there and she—
worn from an afternoon
of field hockey—inside
the house already asleep
on the couch.

LA BICI VIOLA

Un anno dopo la veglia
ancora ci sospettavamo l'un l'atro
di accostare, spegnere
il motore, e attendere
su a River Road,
di scrutare dal buio pece
del bosco di Garrison
i fasci di luce delle auto altrui
baluginanti nella guida,
di non volere, nessuno di noi,
rientrare a casa per primo
dal lavoro, di arrivare ogni
notte con minuti e minuti
di ritardo, anche se
entrambi concordavamo che stare
in macchina da soli con la radio
alzata poteva essere
peggio, di approssimarci al
cordolo con entrambe le mani
sulla ruota come se la sua
Schwinn potesse essere lì e lei—
stanca da di un pomeriggio
di hockey su prato—dentro
la casa già stesse dormendo
sul divano.

DRIVING WEST ON THE PULASKI SKYWAY

Not in a corner of heaven but under the sink
between the pipes and cleaners
my father hides the smooth-necked
bottle with the squeaky cap.

He is holding a glass up to the light,
staring at it like a jeweler or a disoriented bird
trying to find his way back to Chicago
or Detroit, governed by instinct, looking for
some kind of landmark, the Stockyards
maybe, or the Ford plant at Highland Park,
something Midwestern,
something he can get a grip on.

After he finishes he wipes his lips
with the back of his hand, this is his escape,
this is what his swollen belly needs.

My mother has a saying she keeps in her purse
Quando sogni un morto ti allunga la vita,
loosely translated as when you dream of the dead
it lengthens your life.
She is Baresi, in her world
the evening moths are souls leaving Purgatory
and the best saints have a nose for water
and the winning numbers.

In her dreams he is silent.
Tonight I am with him,
we are two stones skipping over a river,

GUIDARE VERSO OVEST SULLA SKYWAY PULASKI

Non in un angolo di Paradiso, ma sotto il lavello
tra tubi e detergenti
mio padre nasconde la bottiglia
dal collo liscio e il tappo scricchiolante.

Alza un bicchiere verso la luce,
fissandolo come un gioielliere o un uccello disorientato
cercando di trovare la strada per Chicago
o Detroit, governato dall'istinto, in cerca di
qualche punto di riferimento, recinti
forse, o lo stabilimento Ford di Highland Park,
qualcosa del Midwest,
qualcosa con cui orientarsi.

Dopo aver finito si asciuga la bocca
col dorso della mano, questa è la sua fuga,
questo è ciò di cui il suo ventre gonfio ha bisogno.

Mia madre ha sempre un detto che tiene nella borsetta
Quando sogni un morto ti allunga la vita,
liberamente tradotto come quando sogni i morti
ti si allunga la vita.
Lei è barese, nel suo mondo
le falene della sera sono anime che lasciano il Purgatorio
e i migliori santi hanno fiuto per l'acqua
ed i numeri vincenti.

Nei suoi sogni lui tace.
Stasera io sono con lui,
siamo due pietre che saltellano su un fiume,

we are driving the Pulaski Skyway,
the black Pontiac a little over the yellow line,
his sleeves rolled up, one hand on the wheel,
the other remembering the names
of his flock of homers,
their sleek iridescent napes and four yellow toes,
three forward and one, the hallux
or big toe, behind.

You know, he says, what looks like the leg
is really a lengthened foot
and what looks like the knee is really the ankle,
the true knee hidden by feathers
under the body.

He is rambling on about the power of pigeon milk
and how the Romans read the future
in the flight of birds,
driving west on the Pulaski Skyway past Kearny
and Harrison and Newark singing a ditty,
something about counting
the shadows of blue pigeons
on a red brick wall.

Guidare verso ovest sulla skyway Pulaski

stiamo guidando sulla Skyway Pulaski,
la Pontiac nera un po' oltre la linea gialla,
lui con le maniche rimboccate, una mano sul volante,
l'altra a ricordare i nomi
del suo stormo di piccioni viaggiatori,
le loro lucide iridescenti nuche e le quattro zampe gialle,
tre in avanti e una, l'alluce
o ditone, indietro.

Sai, dice, quel che sembra una gamba
è in realtà un piede allungato
e quel che sembra un ginocchio è in realtà la caviglia,
il vero ginocchio nascosto da piume
sotto il corpo.

Sproloquia sul potere del latte di piccione
e su come i Romani leggevano il futuro
nel volo degli uccelli,
guidando verso ovest sulla Skyway Pulaski passati Kearny
e Harrison e Newark cantando un'arietta,
qualcosa sul contare
le ombre di piccioni blu
su un muro rosso di mattoni.

THE BONE DUMP

They tore down the holding pens,
pulled up the rail spur
and shut down every department
he'd ever worked in,
left only a skeleton crew to run
the packing plant— another gutted
grey shell sinking into the muck
of the Jersey meadowlands,
my father's retirement shelved
that day the plant superintendent
handed him the blue pants
and pressed shirt
wrapped in a thin plastic skin,
the cap and badge
with the three ought number
he wore for his last years
on the midnight shift.
Always a thermos full of black
coffee and two sandwiches,
a flashlight to swing as he paced
the half-mile of chain-link
on the hour. "Like Berlin
during the summer of '45,"
he said to me one sleepless night
I drove to meet him out there,
"just killing time, waiting to push
back the Ruskies or ship out
for the Japanese invasion," ripping
his second sandwich into chunks
for the pack of feral dogs

Discarica d'Ossa

Hanno abbattuto le recinzioni,
sradicato il raccordo ferroviario
e chiuso tutti i reparti
in cui avesse mai lavorato,
solo uno scheletro di squadra rimasto a dirigere
l'impianto d'imballaggio, un'altra conchiglia
grigia sviscerata che affonda nel fango
delle paludi del Jersey,
la pensione di mio padre accantonata
il giorno che il sovrintendente dell'impianto
gli consegnò i pantaloni blu
e la camicia pressata
avvolti in una sottile pellicola di plastica,
il cappellino e la tessera
col numero tre zero
che portava negli ultimi anni
per il turno di mezzanotte.
Sempre un thermos pieno di nero
caffè e due panini,
una torcia che oscillava, mentre andava al passo
di mezzo miglio di catena metallica
all'ora. "Come a Berlino
nell'estate del '45,"
mi disse una notte insonne,
ho guidato per incontrarlo là fuori,
"semplicemente ammazzando il tempo,
in attesa di respingere i Ruskies o di andare in
spedizione per l'invasione giapponese," facendo a pezzi
il suo secondo panino
per il branco di cani selvatici

that returned every night
to scavenge the bone dump,
gnaw the broken ribcages
and femurs, the flayed strips
of hide gone to leather
then softened by the fall rains,
the bravest ones snarling
when he turned the light
into their burning eyes
as they fought for every scrap
he tossed their way.

che ritornava ogni notte
a rovistare nell'ammasso di ossa,
a rodere casse toraciche in frantumi
e femori, strisce scorticate
di pelle diventata cuoio
poi ammorbidita dalla pioggia caduta,
e i più coraggiosi a ringhiare
quando lui accendeva la luce
nei loro occhi ardenti
facendoli litigare ad ogni brandello
che gli lanciava.

NEARLY WILD

Let's take the sharp knife,
stand together at the sink

and cut each stem under
warm running water,

let's pretend we don't see
the petals already withering

along the fringes,
rust pustules spreading

from sepal to sepal,
let's strip the leaves

the beetles have been at
and lie to each other

about the thorns,
let's mix in sword ferns,

a sprig of baby's breath
and arrange them all

in a jar of rainwater
and buffered aspirin,

collect every grain
of pollen the anthers spill

on our table and use it
to spice our tea.

QUASI SELVAGGIO

Prendiamo il coltello affilato,
stiamo in piedi al lavandino

e tagliamo ogni stelo sotto
l'acqua calda corrente,

facciamo finta di non vedere
che i petali già si avvizziscono

ai margini,
che pustole color ruggine si propagano

da sepalo a sepalo,
stacchiamo le foglie

su cui i coleotteri si sono posati
e stanno vicini

tra le spine,
raduniamo le felci con

un rametto di velo di sposa
e sistemiamoli tutti

in una brocca di acqua piovana
e aspirina,

raccogliamo ogni granello
di polline che le antere spillano

sul tavolo e usiamole
per speziarci il tè.

Jersey City Heights in the Late 40's

She's sure Nixon will be there,
Mitch Miller with his rolling lyrics
and bouncing ball, her mother
back together with the father
who abandoned them, probably
in his trademark spats
and black fedora, the good friend
lost under the surgeon's knife
and the brother to Rahway State—
both there. She expects her husband
to meet her at the gate, shaved
and in his best blue suit,
with the Pontiac warmed up
ready to show her around,
not streets of gold
but streets lined with brownstones
and sapling Norway maples,
something like Jersey City
in the late 40's, the war over,
safe, clean, affordable housing
available. She'll want Illvento's pizza
and a couple sips
of her husband's Ballantine,
show him her reconstructed heart,
laugh about the one bad kidney
and stainless steel stent,
now useless and left behind.
No more cold feet and tingling
in the hands, and though she can't
really say if there will be anything
like the clearance racks
at Cara Carson's or the frosted marble

JERSEY CITY HEIGHTS NEI TARDI ANNI '40

Lei è sicura che ci sarà Nixon,
Mitch Miller con i le sue liriche testi rock
e la pallina di gomma, la madre
tornata insieme al padre
che li ha abbandonati, probabilmente
con le sue classiche ghette
e il cappello nero a tesa larga, il buon amico
che ha perso sotto il bisturi del chirurgo
e il fratello (in prigione) a Rahway State-
entrambi lì. Lei si aspetta che il marito
la attenda al cancello, rasato
e con il suo migliore abito blu,
con la Pontiac accesa
pronto a mostrarle
non strade d'oro
ma strade fiancheggiate da edifici di mattoni
e alberelli d'acero norvegese,
qualcosa di simile alla Jersey City
degli ultimi anni '40, la guerra alle spalle,
sicura, pulita, con alloggi economici
a disposizione. Vorrà la pizza de Illvento
e un paio di sorsi
della Ballantine del marito,
mostrargli il suo cuore riassettato,
ridere del rene guasto
e dello stent di acciaio inox,
ormai inutile e dimenticato.
Niente più piedi freddi e formicolio
nelle mani, e seppure lei non possa
davvero dire se ci sarà qualcosa di
simile ai cestoni delle offerte
di Cara Carson's o alla torta glassata

cake from the 5 Corners Jewish Bakery,
she's counting on
some of the better chocolates,
sees herself in four
spotless rooms on the first floor,
somewhere on one of the smaller blocks
off the Boulevard or near Journal Square—
where the Almighty
will reside to watch over the joy
of His image and likeness—
no stubborn cockroaches or dust settling
daily on the credenza, a stoop
to sit out on for the warm nights,
every saint's face passing by
that of another good neighbor
she knows from the Heights.

della forneria ebraica 5 Corners,
sta facendo conto su
alcuni dei migliori cioccolatini,
vede se stessa in quattro
pulitissime camere al piano terra,
da qualche parte in uno degli isolati più piccoli
esterni al viale o vicino a Journal Square-
in cui l'Onnipotente
risiederà a vegliare sulla gioia
delle creature a Sua immagine e somiglianza-
niente scarafaggi testardi o polvere che sedimenta
quotidianamente sulla credenza, una veranda
in cui sedere all'aperto nelle notti calde,
il volto di ogni santo che passa di
lì o da un altro buon vicinato
lei lo vede dall'Alto.

7 PRECIOUS MUSHROOMS

I offer up the morning ache,
lean against the mulberry
seeking intercession under the yellowing leaves
while keeping an eye on the crows
in the garden with their dagger bills
and hoarse croaks,
    and the phoebe,
who will not leave her garden post
until the ground crusts over
and the mud-colored doves begin to gather
in little groups of five or six.
    I will whisper this tonight
before bed, after my wife has dabbed her hops
and lavender behind each ankle,
spread oil of frankincense across
her sutured chest
    and begun to count the thirty drops
of the 7 Precious Mushrooms,
    and I will sign myself
the way the old priests taught,
chant praise to the flower-like shitake,
the Red Reishe and Lions Mane,
    praise the common
coriolus, the Ram's Head, the holy
cordyceps and veiled agaricus,
all potent builders of macrophage
and t-cell function,
    praise the phoebe on her ritual post
and the dove descending from the power lines
to disappear between the hoed furrows,

7 *FUNGHI PREZIOSI*

Offro in sacrificio il dolore mattutino,
mi appoggio al gelso
cercando sostegno sotto le foglie che si ingialliscono
mentre tengo d'occhio i corvi
in giardino coi loro becchi a pugnale
e i rauchi gracchii,
   e il febo orientale,
che non lascerà il suo posto in giardino
finché il terreno non si crostifica
e le colombe color fango non iniziano a raccogliersi
in piccoli gruppi di cinque o sei.
   Sussurrerò questo stanotte
prima di dormire, dopo che mia moglie si sarà strofinata luppolo
e lavanda dietro ogni caviglia,
spalmata d'olio d'incenso il suo
petto suturato
   e avrà iniziato a contare le trenta gocce
dei 7 *Funghi Preziosi,*
   ed io farò il segno della croce
come insegnavano i vecchi parroci,
canterò lodi al fungo Shitake a forma di fiore,
al Ganodema Lucidus e all'Hericium Erinaceus,
   loderò il comune
Coriolo, la Grifola frondosa, il santo
fungo di Cordyceps e il Prataiolo velato,
tutti potenti acceleratori di funzioni
macrofagiche e cellulari,
   loderò il febo nella sua sede rituale
e la colomba che plana dai cavi elettrici,
per scomparire tra i solchi dissodati,

bless even the crow—wild-eyed
and belligerent—
    as I watch my beloved dip her finger
into the potion, the water glass cloud,
then clear to the brim,
under her stir.

benedirò anche il corvo-disperato
e belligerante—
    mentre guardo la mia amata intingere il dito
nella pozione, il bicchiere d'acqua intorbidirsi,
poi schiarirsi fino all'orlo,
sotto il suo mescolare.

After the Monument Salesman's Pitch

Barely a week after the wake,
the ground still a raw
brown backbone ridged
a foot above the ryegrass,
he's at the door
tapping on the glass,
leather valise in hand, smiling
as if he's selling roses or
trips to the Caribbean.
He speaks granite, Wisconsin
Rib-rock Red, India Gray,
then marble and bronze,
fanning the glossy brochures
across the kitchen table.

The sound of cards falling.
Snapshots of what other
parents have done.
What we could have learned
from him, if only we had listened.
After he leaves, we kiss.
Our mouths open
and close like two
hungry animals eating.
All night a cracked window
whistles in the wind.

DOPO IL RAPPRESENTANTE DI LAPIDI

Appena una settimana dopo la veglia,
il terreno ancora un grezzo
scuro dorsale increspato,
un piede sopra il loglio,
lui sta alla porta
picchiettando sul vetro,
valigia in mano, sorridente
come stesse vendendo rose o
viaggi ai Caraibi.
Parla di granito, del Wisconsin,
rocce rosse grigie dell'India,
poi di marmo e bronzo,
squadernando le brochure patinate
sopra il tavolo della cucina.

Il suono delle carte che cadono.
Istantanee di ciò che altri
genitori hanno fatto.
Quello che avremmo potuto imparare
da lui, se solo avessimo ascoltato.
Dopo che se ne va, ci baciamo.
Le nostre bocche si aprono
e chiudono come due
animali affamati che mangiano.
Per tutta la notte una finestra infranta
fischia nel vento.

DEVIL'S DISH

What difference did it make
whose idea it was to meet after dark,
hack the lock off Kessler's work-shed
and steal his pickax and shovels,

or who made the plan to tunnel into the hill
and break in the abandoned warehouse
on Mountain Road so we'd have a place
to scratch our new hair,

light up our fathers' smokes and drool
over girls in leopard-skin tights
and short pink skirts,

a place to make out with Rita Simeone,
Donna Quinn, and the Chen sisters,
to pray they'd be easier
once they heard we'd shoveled
through layers of coal ash and clay for them,

past the petrified bones of stray cats
and oily black plates of shale
we called devil's dish,

if they knew how much deeper we'd go,
how much time we'd spend underground,
how willingly we'd turn pale
and nearly blind for them,

grow webbed digits
and mark our pointed foreheads
with black crosses,

Piatto del diavolo

Che differenza fa di chi è
stata l'idea di incontrarci dopo il tramonto,
di tranciare il lucchetto della rimessa di Kessler
e di rubare il piccone e le pale,

o chi ha progettato di trivellare la collina
e irrompere nel magazzino abbandonato
a Mountain Road così d'avere un posto
dove grattarci i peli appena cresciuti,

accendere le sigarette di nostro padre e sbavare
dietro a ragazze dai collant leopardati
e gonne corte rosa,

un posto per pomiciare con Rita Simeone,
Donna Quinn, e le sorelle Chen,
per pregare che sarebbero state più facili
dopo aver saputo che avevamo spalato
attraverso strati di carbone e d'argilla per loro,

attraverso ossa pietrificate di gatti randagi
e piastre di scisto scure e oleose
che chiamavamo piatto del diavolo,

se sapessero quanto più a fondo saremmo andati,
quanto tempo avremmo speso sottoterra,
quanto volentieri saremmo diventati pallidi
e quasi ciechi per loro,

ci saremmo fatti crescere dita palmate
e contrassegnati le fronti appuntite
con croci nere,

go through hell to reach
the hundred little explosions
of flesh ahead of us.

avremmo attraversato l'Inferno per raggiungere
le centinaia di piccole esplosioni
di carne davanti a noi.

On the Black and White

The nights he preached
Nonna would call me into her room
to lace and tie her black orthopedics,
tune in the channel, adjust the vertical
and horizontal hold,
make me kneel by her wing chair
and translate chapter and verse
into Italian so she could follow along
in her Nuova Testamenta
to the cure of the Centurion's
servant, the paralytic at Capernaum,
the volume turned up and tinny
for the raising of Jairus's daughter,
the screen sometimes doing a slow flip
through the sermon when a 707
took off from Newark,
the charged air vibrating
the lamp shades and the framed
portrait of her as a young woman
in Bitonto, her left hand already hidden
beneath the folds of her gown,
the packed auditorium breaking
out into a hymn when Oral,
ready for the Lord's work,
removed his suit jacket
and invited the afflicted
to approach, my cue to raise
Nonna's hand to the top of the set,
hold it over the hundred red-eyed
tubes while the aisles filled
with the sick and the infirm,
one by one the laying on of hands,

SUL BIANCO E NERO

Le notti in cui lui predicava
Nonna mi chiamava nella sua stanza
per allacciarle e legarle le nere scarpe ortopediche,
sintonizzarle il canale, regolarle l'apparecchio
in verticale e in orizzontale,
mi faceva inginocchiare accanto alla sua poltrona
e tradurre capitolo e versetto
in italiano in modo che potesse seguire
sul suo Nuovo Testamento
fino alla cura del servo del
Centurione, al paralitico di Cafarnao,
il volume diventava alto e gracchiante
per la resurrezione della figlia di Giairo,
lo schermo faceva talvolta un lento sobbalzo
nel mezzo del sermone quando un 707
decollava da Newark,
l'aria tesa faceva vibrare
i paralumi e i ritratti
incorniciati di lei giovane donna
a Bitonto, la sua mano sinistra già nascosta
sotto le pieghe della veste,
l'auditorium gremito irrompeva
in un inno quando Oral,
pronto per l'opera del Signore,
si toglieva la giacca
e invitava gli afflitti
ad avvicinarsi, il mio segnale per far sollevare
la mano di Nonna in cima al televisore,
sostenerla sopra al centinaio di cavi
rossi, mentre le navate si affollavano
di malati e infermi,
uno ad uno l'imposizione delle mani,

the camera zooming to Brother Roberts
raised arms and sweaty face
as he called down the Spirit,
panning the empty wheel
chairs, the walkers left behind,
me afraid to lift Nonna's hand
off the RCA as the credits
rolled across the screen
and the believers staggered
back to their seats.

GUIDARE VERSO OVEST SULLA SKYWAY PULASKI

la videocamera che si allargava sulle braccia alzate
e la faccia sudata di Fratello Roberts
mentre invocava lo Spirito,
che faceva una panoramica sulle sedie
a rotelle vuote, i camminanti rimasti dietro,
me spaventato di alzare la mano di Nonna
dalla RCA, mentre i titoli di coda
scorrevano sullo schermo
e i credenti barcollando
tornavano ai loro posti.

LOOSE AND TALKING SPRING

The first warm day and the only thing in sight—
women in twos and threes jogging or walking laps,
some pushing strollers alongside men in baseball caps
wearing the look of the underemployed.

Driving Memorial Parkway I promise myself
I'm not going to think about the crowd
queuing up outside Ruppel's for the afternoon viewing,

or research the local edition for who's death
filled the parking lot on a day like this
with everyone loose and talking Spring.

Not a word yet about sweat and mosquitoes,
or how the windows still need to be closed at night
because if I do sleep I'll have one of those dreams

where everything downstairs comes alive: the anniversary
clock, her china teapot, the floral-papered walls
gone pink-tongued and frenzied

their heads entwined,
but still not my idea of sensual, not one starlet
throwing back her hair stopping everything
with a slow sepia burn.

What I'm left with is the weight
of my own body, my two floating ribs,
the first tulip petals closing up to the chill

PRIMAVERA RILASSATA E PARLANTE

La prima giornata calda e l'unica cosa in vista—
donne a gruppi di due o tre, fare jogging o giri a piedi,
alcune spingere passeggini a fianco di uomini col berretto da baseball
che sfoggiano un look da sottoccupati.

Guidando per Memorial Parkway mi riprometto
di non pensare alla folla
in fila fuori da Ruppel per la visita pomeridiana,

o di cercare l'edizione locale dei necrologi
che riempiono il parcheggio in un giorno come questo
in cui tutti sono rilassati e parlano di primavera

Non ancora una parola sul sudore e le zanzare,
o su come le finestre debbano ancora essere chiuse di notte
perché se dormo farò uno di quei sogni

dove tutto al piano di sotto si anima: l'orologio dell'anniversario,
la sua teiera di porcellana, le pareti tappezzate a fiori
diventati rosa-lingua e deliranti

con le loro teste intrecciate,
ma non ancora la mia idea di sensualità, non ancora una starlet che si
scosta indietro i capelli fermando tutto
in un lento alone seppiato.

Quel che mi resta è il peso
del mio corpo, le mie due costole fluttuanti,
i primi petali di tulipano che si chiudono col freddo

and the desire to put her away,
in a safe place, maybe a small mahogany box
on the mantel far from the china
teapot and the clay vase she made in night school,

to keep me from temptation
to keep me from the dandelions—
yellow-stalked and furiously pushing their way
through the already glistening grass.

e il desiderio di metterla via,
in un posto sicuro, forse una piccola scatola di mogano
sul caminetto lontano dalla teiera di
porcellana e dal vaso d'argilla che ha fatto alla scuola serale,

per trattenermi dalla tentazione
per tenermi lontano dai fori del diavolo—
col gambo giallo che furiosamente si aprivano un varco
attraverso l'erba già scintillante.

HIRING ON AT THE ABATTOIR

New on the job, a young man
with mouths to feed, I'd never seen
the traffic stopped on Secaucus Road

for the Judas goat to lead the skittery veal calves
and spring lambs from the rail yard
to the abattoir holding pens,

never seen men swinging steel claw hooks
to maneuver carcasses tattooed
with the blue stamp of government approval,

never seen anything like the vats of hooves,
the fleshed hides and stunned heads we passed
before we circled a clean well-finished carcass

and he drew his knife along the brisket,
the sirloin, the chuck, the hotel rack,
all the prime cuts he'd told me about,

the blood rising so near my own skin in the chilled air
of the meat locker as my father handed me his knife
and I cut deep into the richly marbled flesh.

INGAGGIARE AL MATTATOIO

Nuovo sul lavoro, un giovane uomo
con bocche da sfamare, non avevo mai visto
il traffico fermarsi a Secaucus Road

perché la capra di Giuda guidi i vitellini capricciosi
e gli agnelli nati in primavera dal cantiere ferroviario
ai recinti del mattatoio,

mai visto uomini far fluttuare artigli d'acciaio
per manovrare carcasse tatuate
col marchio blu d'approvazione del governo,

mai visto nulla di simile alle vasche di zoccoli,
le pelli scarnificate e le teste frastornate che abbiamo oltrepassato
prima di aver girato attorno a una carcassa e pulita e ben rifinita

e che lui accostasse il coltello al petto,
al lombo, alla spalla, al carré,
a tutti i tagli pregiati di cui mi aveva parlato,

il sangue e' risalito vicinissimo alla mia pelle nell'aria congelata
della cella frigorifera, quando mio padre mi ha passato il coltello
e ho inciso nel profondo della carne riccamente venata di grasso.

Father and Son Communion Breakfast

If he went the regulars at the D&J Bar wouldn't wait,
their Sunday morning thirst always pressed hard
against the locked door and plate-glass window.

He'd have to pay someone to open up for him
and what good would that do,
I told Sister Phyllis when she announced again
that every father was expected to attend.

She continued with that day's lesson on the Sacred Heart,
gashed and punctured with thorns,
so swollen from our sins,

and the saints with their flayed skin
and flaming tongues, their lean, bright faces
glowing above us as they stood in their patient line
to slake their endless thirst for grace and sacrifice.

Stephen and Paul with their hands out,
John of the Cross and the Little Flower,
Lucy and The Holy Innocents, all of them
watching everything down here go wrong,

my father in the church basement with his scrambled
eggs and cold toast, the D&J dark inside,
the Saturday night slop still on the floor,

the bar sticky and unwiped;
outside, Stosh Gazinski, tapping the face of his Timex,
Bill Feehney staring at the reflection of his third Camel
in the plate-glass,

COLAZIONE D'EUCARESTIA PER PADRE E FIGLIO

Se fosse andato, gli habitué di D&J non avrebbero aspettato,
la loro sete domenicale spingeva sempre
contro la porta chiusa a chiave e la vetrata.

Avrebbe dovuto pagare qualcuno per aprire al suo posto
e a cosa sarebbe servito,
ho detto a Suor Phyllis quando ha annunciato di nuovo
che ogni padre avrebbe dovuto partecipare.

Ha proseguito la sua lezione del giorno sul Sacro Cuore,
squarciato e perforato di spine
rigonfio dei nostri peccati,

e sui santi con la pelle scorticata
e le lingue di fuoco, i loro scarni, luminosi volti
che ardevano su di noi mentre pazientemente attendevano in fila
per placare la loro infinita sete di grazia e sacrificio.

Stefano e Paolo con le mani aperte,
Giovanni della Croce e il Piccolo Fiore,
Lucia e i Santi Innocenti, tutti quanti
a osservare come quaggiù tutto vada male,

mio padre nel seminterrato della chiesa con le sue uova
strapazzate e il pane freddo tostato, l'interno buio di D&J,
la brodaglia del sabato sera ancora sul pavimento,

il bancone appiccicoso e sudicio;
fuori, Stosh Gazinski, che picchietta sul quadrante del suo Timex,
Bill Feehney che fissa il riflesso della sua terza Camel
nella vetrata,

and Big Frank Stauch with one foot up
on the marble step, his scuffed sole impatiently
waiting for father to unlock the door.

e Big Frank Stauch con un piede
sul gradino di marmo, la suola consumata impazientemente
in attesa che mio padre dischiuda la porta.

CLEANING OUT THE CLOSET

One by one you lift the plastic covers,
hold each dress against yourself, twirl

and sway, do a two step towards me sitting
on the bed, stretch your hands over your head

and shimmy into the ones you're not sure of,
have me zip and unzip them while you gather

your hair above your shoulders so the loose
ends just brush the back of my hand.

We both see it when you lift the next hanger
off the bar, through the little window in the plastic

—the dress you wore to our daughter's funeral,
the cloth already faded to the color of dried roses,

and I'm not sure if I want you to hang it back up,
to hear the scrape and jangle of the hanger

down the bar, or if I want you to slip your arms
into the sleeves, swish the dress over your head,

smooth the sides down around your waist, twist
your hair up and let me fasten the clasp at your neck.

PULENDO L'ARMADIO

Uno dopo l'altro sollevi i coperchi di plastica,
appoggi ogni abito al tuo corpo, ruoti

e ondeggi, fai due passi verso di me seduto
sul letto, allunghi le mani sulla testa

e sobbalzi in quelli di cui non sei certa,
mi fai aprire e chiudere le lampo mentre ti raccogli

i capelli sulle spalle così che le loro sciolte
estremità mi spazzolino il dorso della mano.

Lo vediamo entrambi quando sollevi il prossimo appendiabito
dall'asta, attraverso la finestrella nella plastica

—il vestito che indossavi per il funerale di nostra figlia,
il tessuto già sbiadito nel colore delle rose secche,

e non son certo di volere che tu lo riappenda,
di voler sentire dell'appendiabito stridere e tintinnare

sull'asta, o se voglio che infili le braccia
nelle maniche, che ti faccia frusciare l'abito sulla testa,

che te ne dispieghi i fianchi attorno alla vita, che ti attorcigli
i capelli e mi lasci fissare la chiusura dietro al collo.

POACHERS

Their jacklight passed
 over our bedroom window,
hurried by the vanity
 mirror and wedding portrait.
Seconds later —shots
 fired across the winter wheat,
car doors slammed,
 your foot brushed against
my leg, and a pickup
 shifted gears
on Buttonwood Lane.
 Yes, I touched your hair
as I reached to pull
 back the lace
curtain and watched them
 hunker down and stare
in the long beam of light,
 rubbed my lips along
the tilt of your throat
 when they took turns
leaning their heads
 back to chug deep drafts
from a passed bottle, cupped
 a hand over your mouth
and slipped the other
 under your chemise
as each one took a leg
 and heaved the still warm
body into the pickup
 and lashed it down
securely against
 the bed.

BRACCONIERI

La loro torcia oltrepassa
 la finestra della nostra camera,
affrettata dallo specchio della
 toletta e dal ritratto di nozze.
Attimi dopo —colpi
 sparati attraverso il grano invernale,
portiere sbattute,
 il tuo piede mi ha sfiorato
la gamba, e un pick-up
 ha ingranato la marcia
su Buttonwood Lane.
 Sì, ho toccato i tuoi capelli
appena ce l'ho fatta a scostare
 la tenda di pizzo
e a guardarli
 accovacciarsi e fissare
nel lungo raggio di luce,
 ho strusciato le labbra lungo
l'incavo della tua gola
 quando a turno
reclinavano le teste
 all'indietro per trangugiare birra
da una stessa bottiglia, ti ho tappato
 la bocca con una mano
e ti ho fatto scivolare l'altra
 sotto la camicetta
con ognuna ho afferrato una gamba
 e sollevato il corpo ancora
caldo nel pick-up
 e l'ho sbattuto
saldamente contro
 il letto.

Steel-Toes

I wait a year to wear your black steel-toes,
following the same code
you followed, before you could bring
a new woman into your bed,

and who would have guessed
you would outlive her too,
leave this world alone,
with nothing in order,

so I have to spend my weekends
going through seventy years
of "Junk," Mom would've called it,

these boots, leather scuffed grey
along the toes, frizzed
up like the whiskers I shaved
out of the hollows of your cheeks,

laces frayed around the eyelets,
the insole flat, dry-rotted,
but still reeking of you,

the heels worn to your peculiar gait
so that when I first stand in them
I feel out of kilter,

the leather so dry and stiff
that it will take me weeks
to break them back in.

Antinfortunistiche

Aspetto un anno ad indossare le tue antinfortunistiche nere,
seguendo lo stesso codice
che seguivi tu, prima di poterti portare
a letto una donna nuova,

e chi avrebbe mai immaginato
che saresti sopravvissuto anche a lei,
lasciato questo mondo da solo,
con nulla in ordine,

così devo trascorrere i week-end
ad attraversare settant'anni
di "porcate," come Mamma le avrebbe chiamate,

questi stivali, la pelle grigia consumata
sulla punta, increspata
come la barba che ho rasato
via dall'incavo delle tue guance,

i lacci logori intorno agli occhielli,
la soletta piatta, indurita-deteriorata,
ma ancora fumante di te,

i talloni modellati dal tua tipico passo
così che quando li indosso
mi sento sbilanciato

la pelle così secca e rigida
che ci vorranno settimane
a farle allentare.

Culling

I thought his homers
 would never return
when he climbed to the loft
 after supper to snap
the necks of the cripples
 unable to join the flock
for their daily stretch,
 his prize birds' tight circles
above the D&J Bar
 widening out over
the county courthouse
 and St. Joseph's Home
for the Blind
 while he crushed
the two white eggs
 from the accidental pairing
of a city champion
 with a handsome blue-check
who'd wandered in
 for some fresh water
and dried peas,
 a sudden fluttering
and twitching
 in the burlap sack
he'd knotted
 and carried down the ladder
as the yellowed nail
 of an old favorite
poked through
 the weave of the fabric.

ABBATTIMENTO

Ho pensato che i suoi piccioni viaggiatori
non sarebbero mai ritornati
quando si è arrampicato sul solaio
dopo cena a spezzare
il collo agli acciaccati
incapaci di aggregarsi allo stormo
per la tratta giornaliera,
i cerchi serrati dei suoi stimati uccelli
sopra al club D&J
che si allargavano oltre
il tribunale della contea
e la Casa
dei Ciechi di St. Joseph
mentre lui faceva a pezzi
le due bianche uova nate
dall'accoppiamento fortuito
di un campione cittadino
e un bel piccione blu-check
che avrebbero vagato ovunque
per un po' d'acqua fresca
e piselli secchi,
un improvviso frullare
e contorcersi
nel sacco di juta
che ha annodato
e portato giù per la scala
mentre l'unghia ingiallita
di un vecchio preferito
foracchiava
la trama del tessuto.

Rites

Before they doubled the dosage,
when it was no longer my job
to stay just out of reach,
and you could still manage
to squeeze my fingers
inside your balled fist,
before the slow drip
put everything out of focus,
even trimmed the beat
of what the doctor
liked to call a strong heart—
a heart so insistent on filling
your brain with morphine
it took two hands to lift your head
off the pillow —the Monsignor
entered the room dressed in purple stole
and sacramental surplice,
recited the Asperges
and sprinkled holy water
as he pressed the crucifix
to your raw lips,
explained the power
and effects of the rite,
offered you confession
and absolution, new life
at the right hand of the Father,
but you weren't with him,
would not pray along
when he invoked the power
of Mary and the Communion of Saints,
didn't blink when he called down
the angels and archangels

Riti

Prima che raddoppiassero il dosaggio,
quando non era più compito mio
rimanere appena fuori portata,
e tu riuscivi ancora
a stringermi le dita
nel tuo pugno appallottolato,
prima che il lento gocciolio (della flebo)
mettesse tutto fuori fuoco,
riducesse addirittura il battito
di ciò che il medico
amava definire un cuore forte
un cuore così insistente nel riempirti
il cervello di morfina
che ci sono volute due mani per sollevarti la testa
dal cuscino —il Monsignore
entrato nella stanza con la stola viola
e i finimenti sacramentali,
ha recitato l'Asperges
e spruzzato acqua santa
mentre ha premuto il crocifisso
sulle tue labbra fredde,
ha spiegato la potenza
e gli effetti del rito,
ti ha offerto la confessione
e l'assoluzione, nuova vita
alla destra del Padre,
ma non eri con lui,
non pregavate insieme
quando invocava il potere
di Maria e la Comunione dei Santi,
non battevi ciglio quando invocava
gli angeli e gli arcangeli

to dispel all harmful discord
from this room, refused
the anointing of your senses,
the imposition of his hands.

di fugare ogni nociva discordia
da questa stanza, hai rifiutato
l'unzione dei sensi,
l'imposizione delle sue mani.

SELF-PORTRAITS ON THE BULLETIN BOARD
AT THE FIRST GRADE OPEN HOUSE

The kid with the enormous
purple tongue, I want to meet,
spend a few minutes face
to face and let him know
that even though I've never seen lips
quite that shade of green before,
there've been mornings
I've felt my brains ooze
out of my skull like yellow goop,
my eyes bobble-head loose
dangling from their sockets,
days that red and blue striped skin
for everyone walking around
on two, or three feet,
didn't seem like such a bad idea
and five frizzily hairs
per scalp— what a concept,
tell the kid the good news,
how I've read that smaller teeth
and bigger, sharper noses
could be an early manifestation
of greater evolutionary progress,
often thought, what fun
to have the neck of a giraffe,
body of a frog and chin of a jackal,
and how we all might be
a little better off if our ears
weren't the same size,
nicely lobed,
or even permanently connected
to both our heads.

AUTORITRATTI IN BACHECA
ALLA PRIMA ELEMENTARE

Il ragazzo con l'enorme
lingua viola, voglio conoscerlo,
trascorrere qualche minuto faccia
a faccia e fargli sapere
che, anche se non ho mai visto labbra
con quella tonalità di verde prima,
ci sono state mattine
in cui mi sono sentito il cervello fuoriuscire
dal cranio come una sostanza vischiosa,
i miei occhi disfatti fuori dalle orbite
penzolanti dalle loro cavità,
giorni in cui quella pelle strisciata di rosso e blu
da tutti quelli che ti camminavano intorno
su due, o tre piedi,
non sembrava un'idea così cattiva
e cinque capelli crespi
a testa, che concetto,
voglio dare al ragazzo la buona notizia,
di come ho letto che i denti più piccoli
e, i nasi più grandi, appuntiti
potrebbero essere una manifestazione iniziale
di un ulteriore progresso evolutivo,
spesso si pensa, che divertimento
avere il collo di una giraffa,
il corpo di una rana e il mento di uno sciacallo,
e come tutti noi potremmo essere
un po' migliori se le nostre orecchie
non avessero le stesse dimensioni,
ben lobate,
o fossero permanentemente connesse
ad entrambe le nostre teste.

Tumblers

My father was crazy about them,
  would even leave one of the regulars
  behind the bar Sundays at four

while he'd step outside to watch
  the flock take off from the Greek's coop,
  fifteen, twenty birds gaining altitude

as they flew tight circles over the D & J,
  claimed it was electrical, some little synoptic
  disconnect in the brain that made them unpredictably turn

head over tail when they were just specks
  in the sky, losing altitude and spinning
  as they followed each other down through the glare,

backward somersaulting toward the ground
  as though a hand had suddenly reached out
  and slapped them from the air.

Acrobati

Mio padre era pazzo di loro,
  avrebbe persino lasciato uno dei clienti
  dietro il bar alle quattro della domenica

per uscire fuori a guardare
  lo stormo decollare dal pollaio del greco,
  quindici, venti uccelli prendere quota

per volare a cerchi serrati sopra D&J,
  sosteneva che fosse un qualcosa di elettrico, qualche piccola disconnessione
  sinottica nel cervello che li faceva volteggiare imprevedibilmente

la testa sopra la coda, quando erano solo puntini
  nel cielo, che perdevano quota e roteavano
  mentre si rincorrevano l'un l'altro nel bagliore,

facendo capriole all'indietro verso il suolo
  come se una mano d'improvviso li avesse raggiunti
  e schiaffeggiati via dall'aria.

GEOGRAPHY LESSON AT THE MIDDLE SCHOOL PLANETARIUM

  Half-way through it I was wobbly-legged
and spinning
  as Peggy Mallard's finger slowly traced
every feature of the Asian-American land bridge
across my thigh,

  my seat vibrating from the thrust
of the booster rockets through the hidden speakers,
  tomorrow's test
still swirling light years away,
I was sure no one was listening to Sister Phyllis,
  who demanded we see
how all the pieces fit together,

  close our eyes and imagine Africa
and South America as one huge continent,
  to note for the multiple choice the millions of years
the Indian subcontinent had taken
to attach itself to Asia,

  her voice booming a warning
into the podium microphone to prepare ourselves
  for the fade to black
as we zipped around the dark side of the earth,

  little sighs erupting all around me
during the re-entry
  before the lights flickered back on
and Sister appeared at the door
pointing the way out.

LEZIONE DI GEOGRAFIA AL PLANETARIO DELLE MEDIE

A metà strada avevo le gambe traballanti
e agitate
  mentre il dito di Peggy Mallard lentamente ridisegnava
ogni tratto del ponte di terra asiatico-americano
attraverso la mia coscia,

  il mio sedile vibrante dalla spinta
dei razzi impulsori attraverso gli altoparlanti nascosti,
  la prova dell'indomani
ancora incalzante ad anni luce di distanza,
ero sicuro che nessuno stava ascoltando Suor Phyllis,
  che ci chiedeva di guardare
come tutti i pezzi si incastrassero,

  di chiudere gli occhi e immaginare Africa
e Sud America come un unico enorme continente,
  di annotare per le risposte multiple i milioni di anni che
il subcontinente indiano ci ha messo
ad attaccarsi all'Asia,

  la sua voce che tuonava un avvertimento
nel microfono del podio per prepararci
  a dissolverci nel buio
dopo averci accennato al lato oscuro della terra,

  piccoli sospiri che mi erompevano attorno
durante il rientro
  prima che le luci mi sfarfallassero alle spalle
e la Suora si affacciasse alla porta
indicando la via d'uscita.

ON THREE LEGS

Twelve hours and I've already
forgotten the hymns we sang,
the pastor's reading.
My wife throws another blanket on,
it feels like a net falling.
I can hear the furnace-rumble
through my pillow.

On South Main Street a man held
a ladder for a woman washing windows.
She wiped while the hearse passed.
The last walnuts swiveled
in the wind.
            Two women joined
hands near the gate as we drove in
and a boy I don't know touched
my sleeve when I stepped
out of the Lincoln. Downed
leaves rippled among the stones
like a flock of small birds.

When we returned home the florist
bill was in the mail. Purple
finches gathered at the feeder
all afternoon. A light snow
quickly changed to rain and
a caller wanted to know
the details.
            I said, the machines
in the hospital corridor thrummed,
and a woman in green scrubs dragged
the gurney past me. The zipped
bag was already cold.

SU TRE GAMBE

Dodici ore e ho già
dimenticato gli inni che abbiamo cantato,
la lettura del pastore.
Mia moglie butta un'altra coperta,
sembra che cada una rete.
Posso sentire il rombo della fornace
attraverso il mio cuscino.

A South Main Street un uomo teneva
una scala per una donna che lavava i vetri.
Puliva, mentre il carro funebre passava.
L'ultima noce roteava
nel vento.
        Due donne hanno congiunto
le mani vicino al cancello, appena l'abbiamo attraversato
e un ragazzo che non conosco mi ha toccato
la manica quando sono uscito
dal Lincoln. Foglie
cadute increspate tra le pietre
come uno stormo di piccoli uccelli.

Quando siamo tornati a casa il conto
del fiorista era nella posta. Fringuelli
porpora raccolti attorno alla mangiatoia
per tutto il pomeriggio. Una leggera neve
rapidamente tramutatasi in pioggia e
un visitatore che voleva sapere
i dettagli.
        Ho detto, le macchine
nel corridoio dell'ospedale strimpellavano,
e una donna in camice verde trascinava
la barella oltre di me. Il sacco a
zip era già freddo.

Barefoot, I go to the window.
The rain has stopped. A stray
hobbles down the street
on three legs. The neighbors'
porch light is on, they
must be expecting
someone home late.

A piedi nudi, vado alla finestra.
La pioggia si é fermata. Un randagio
in fondo alla strada arranca
su tre zampe. La luce del
portico dei vicini è accesa,
devono stare aspettando
qualcuno che rientra a casa tardi.

Traffic Jam
Under the Kennedy Boulevard Overpass

You don't practice for it.

Your best friend grabs you by the ankles
and you go over the edge,
upside down with a can of Chinese Red.

In the beginning the blood
rushes to your head,
but when you imagine the play of your hand,
you settle down,

shake the can again and spray
the letters of her name,
add yours below,

then clear the nozzle
and blaze an arrow through the heart.

I<small>NGORGO</small> S<small>TRADALE</small>
S<small>OTTO IL</small> C<small>AVALCAVIA</small> K<small>ENNEDY</small> B<small>OULEVARD</small>

Non ci si prepara per questo.

Il tuo migliore amico ti afferra per le caviglie
e tu perdi il controllo,
a testa in giù con una lattina di Chinese Red.

All'inizio il sangue
ti scorre alla testa,
ma quando ti immagini il gioco della tua mano,
ti calmi,

scuoti ancora la lattina e spruzzi
le lettere del suo nome,
aggiungi le tue sotto,

poi pulisci il beccuccio
e tracci una freccia attraverso al cuore.

SNAPPING TURTLE

He could live to be a hundred,
I told my grandson,
    thinking of the massive one
goggle-eyed and trailing ribbons
of bright green algae—
    found lumbering roadside
with Civil War musket balls
embedded in the muddy ridge
of his back.
    The blue and the gray,
brother against brother, sometimes
father versus son back then
    I said, pointing south
past the Kittatinnies
toward the mowed fields
where the white stones begin,
    each one marking the spot
where soldiers from both sides fell,
    the two of us followed
while the snapper spat
and hissed from his hooked beak,
toothless,
    but easily able
to chomp a finger or two
if we taunted him,
    his bulging black eyes
watching every shift
of our long September shadows,
    that craggy prehistoric brain,
destined to outlive us all,
    urging him to stick hard
to the path he'd chosen

T<small>ARTARUGA</small> A<small>ZZANNATRICE</small>

Potrebbe vivere fino a cent'anni,
ho detto a mio nipote,
   pensando a quella enorme
dagli occhi strabuzzanti e rigata da striature
di un brillante verde alga
   trovata arrancante lungo la strada
con le palle da moschetto della Guerra Civile
incastrate nel crinale infangato
della sua schiena.
   Il blu e il grigio,
fratello contro fratello, a volte
a quei tempi padre contro figlio
   ho detto, indicando verso Sud
oltre il Kittatinnies
verso i campi falciati
dove iniziano le rocce bianche,
   ognuno demarca il punto
dove sono caduti soldati da entrambe le parti,
   noi due seguimmo
mentre il dentice sputava
e fischiava dal suo becco adunco,
senza denti,
   ma facilmente in grado
di maciullare un dito o due
se lo provocavamo,
   i suoi neri occhi sporgenti
osservavano ogni spostamento
delle nostre lunghe ombre di settembre,
   quel robusto cervello preistorico,
destinato a sopravviverci tutti,
   lo spingeva ad aderire con tenacia
al percorso prescelto

through the shale-crusted meadow
  down to the deep murk
of our closest neighbor's pond.

in mezzo al prato incrostato d'argilla
   fino alla profonda oscurità
dello stagno dei nostri vicini più prossimi.

SHOTGUN

I love the way he presses
his big wet nose against the window
no matter what the weather,
waiting for me to roll it down
at least halfway, and how,
before we're even out of the driveway,
he rubs his graying whiskers
across his right shoulder,
sets one front paw on the arm rest
and like my favorite uncle,
riding seatbelt unstrapped,
keeps a close watch on the 18 wheelers
blowing past us on the interstate,
just damn happy to be out of the house
and going, whether it's a trip
to the automatic teller for spending cash
or a run to ShopRite to pick up
a sack of his favorite chow,
his tongue lolling in the wind,
completely unaware that in another age
he could've been trimmed in gold
and honored as a living god, or fattened
on camp leftovers then roasted
over an open fire in the dead of winter,
two good reasons to be called best friend,
but his destiny here is clear—
a short ride with his head out the window
and the open road in his eyes
then a few minutes in the parking lot
of a major department store

FUCILE DA CACCIA

Adoro il modo in cui preme
il suo nasone umido contro la finestra
senza badare al tempo,
aspetta che lo faccia rotolare
almeno di mezzo giro, e come,
prima ancora che usciamo dal vialetto,
si strofini i baffi brizzolati
nella spalla destra,
appoggi una zampa anteriore sul bracciolo
e come il mio zio preferito,
che viaggia con la cintura di sicurezza slacciata,
osservi vigile gli autoarticolati
che ci sfrecciano davanti sull'interstatale,
dannatamente felice di essere fuori di casa
e di andare in giro, seppur si tratti di un viaggio
al bancomat per un ritiro
o di una corsa da ShopRite a prendere
un sacco dei suoi croccantini preferiti,
con la lingua penzolante nel vento,
completamente all'oscuro che in un'altra epoca
avrebbe potuto essere fregiato d'oro
e onorato come un Dio vivente, o ingrassato
con gli avanzi del campo e poi arrostito
su un fuoco aperto in pieno inverno,
due buone ragioni per essere chiamato migliore amico,
ma il suo destino qui è chiaro—
un breve giro con la testa fuori dal finestrino
e la strada aperta negli occhi
poi qualche minuto nel parcheggio
di un grosso grande magazzino

where he'll have the chance
to sit behind the wheel
and scare the shit out of anyone
who walks past the open window.

GUIDARE VERSO OVEST SULLA SKYWAY PULASKI

dove potrà
sedersi dietro al volante
e spaventare a morte tutti quelli
che passano davanti al finestrino aperto.

First Shave

I wanted Peggy Mallard to just happen by
on her way to do homework at Christine McCormick's,

stop outside the plate-glass window
when she saw Mr. Vallari dabbing hot lather
on the back of my neck,

teeter on those new higher heels
she'd been wearing and have to grab
for the swirling pole of white and red

while he slowly spread it out
so it was almost touching the sides of my cheeks,

let her purse strap slide off her shoulder
after he began to slap the blade
on the leather strop hung from the chair,

cock her head and follow the first stroke
of the razor through the sizzling foam,

unable to resist the urge to enter
the shop and come close enough to hear the scratch
as each new hair gave to the straight edge
without a catch,

savor the tang of the Aqua Velva
and offer me her hand as I stood up from my seat,

my neck smooth and generously talced,
every hair on my head in its place,
trimmed and suddenly stiff.

Guidare verso ovest sulla skyway Pulaski

Prima Rasatura

Volevo che Peggy Mallard passasse di lì
mentre andava a fare i compiti da Christine McCormick,

che si fermasse fuori dalla vetrata
mentre vedeva il signor Vallari spalmare schiuma calda
sul retro del collo,

che barcollasse su quei nuovi tacchi più alti
che stava indossando e si aggrappasse
all'asta attorcigliata di bianco e rosso

mentre lui la spalmava lentamente
fin quasi a toccarmi l'estremità delle guance,

che lasciasse scivolare dalla spalla la tracolla della borsa
dopo che lui aveva iniziato a sbattere la lama
sulla coramella appesa alla sedia,

che reclinasse la testa e seguisse il primo colpo
del rasoio contro la schiuma frizzante,

che incapace di resistere alla tentazione di entrare
nel negozio si avvicinasse abbastanza da sentire
lo struscio
di ogni nuovo capello che cedeva alla lama,

che gustasse l'effluvio di Aqua Velva
e mi allungasse la mano appena mi alzavo dalla poltrona,

il mio collo liscio e generosamente irrorato di talco,
ogni capello sulla mia testa al suo posto,
tagliato e improvvisamente rigido.

BLESSED HIMSELF

    Who could have stopped him
when, still a little tipsy
from the night before,
uncle left his seat in the rear pew,
side-stepped father's casket
and joined the blood relatives
at the altar rail.
    My eyes were on Michael
the Archangel's sword, the gargoyles'
flared snouts, the wild curls
of the stained glass saints
as uncle chewed down
the host the Monsignor
fed him.
    Friends, aunts,
nephews and nieces pretended
not to see him sway
and shuffle his way back
down the carpeted
aisle.
    The well-churched clacked
their prayer beads, waiting
for a rush of cold
air to snuff out the votive
candles, for blood
to issue from the old wounds,
the organ to suddenly
go out of tune,
    but when he stumbled
into the pew next to me
and blessed himself

Benedire Se Stesso

Chi avrebbe potuto fermarlo
quando, ancora un po' brillo
dalla sera prima,
lo zio ha lasciato il suo posto dalla panca sul retro,
oltrepassato la bara del padre
e si è unito ai parenti di sangue
alla ringhiera dell'altare.
    I miei occhi erano puntati su Michele
la spada dell'Arcangelo, i grugni svasati dei gargoyles,
i ricci selvaggi
dei santi sulle vetrate
lo zio che masticava
l'ostia con cui il monsignor
l'aveva imboccato.
    Amici, zie,
nipoti facevano finta
di non vederlo barcollare
e strascicare il passo
lungo il tappeto
della navata.
    I fedeli facevano schioccare
i loro rosari, in attesa
che un un'ondata d'aria
fredda spegnesse le candele
votive, che il sangue
risgorgasse da vecchie ferite,
che l'organo improvvisamente
andasse fuori tempo,
    ma quando ha inciampato
nella panca accanto a me
e benedetto se stesso

the only sound I heard
was the radiator ticking heat
and the low rumble
of the basement furnace
turning over.

l'unico suono che sentivo
era il ticchettio del termosifone
e il rombo grave
della fornace del seminterrato
che si accendeva.

BAD HOP

Father, you probably wouldn't have guessed
it was me who put the stone there,

that I'd been keeping the yard grass low
and the ground packed down

waiting for you to appear,
to pound your glove

and step between me and my youngest when
he called for one more before supper,

that I purposely hit that last one
a little too hard

and the stinging in my fingers
made me crack a smile.

It's been years since I tossed
the last clod, put you to rest,

so I almost forgot how easily
you could break out of your crouch

and range to your left,
how much ground you could cover

with those skinny legs only
to come up empty and take it on the chin.

SALTO DANNOSO

Padre, probabilmente non avresti mai immaginato
che sono stato io a deporre là la pietra,

che ho tenuto bassa l'erba del cortile
e impacchettato il terreno

in attesa di vederti comparire,
di colpire il tuo guanto

e metterti tra me e il mio figlio più giovane quando
ne ha chiesto ancora uno prima di cena,

che di proposito battuto quell'ultimo
un po' troppo forte

e il bruciore nelle mie dita
mi ha fatto irrompere in un sorriso.

Sono passati anni da quando ho lanciato
l'ultima zolla, ti ho messo a riposare,

così ho quasi dimenticato quanto facilmente
potevi scattare dal tuo rannicchiamento

e muoverti a sinistra,
quanto terreno potevi coprire

con quelle gambe magre solo
per rimanere a mani vuote e essere colpito sul mento.

Numbers

She reminds me where she's hidden
the roll of silver dollars, and not
to forget to play her Lotto numbers
on Monday and Thursday,
asks me again to recite the birthdates
of her father's older brothers
and the street-address of her first
house on Newark Avenue.
To please her I nod my head,
jot down the numbers
before the cardiac unit nurse
enters the room and slides
into the green vinyl chair.
Twenty-five, maybe thirty,
in white uniform dress she leans
forward, touches her own breast,
begins, "Here the internal mammary
artery is resected from the inner
chest wall..."
        There is a blue ache
in my brain so I keep my head down
and listen to the ventilator
rattle.
        "A surgical shave,
full body, neck to thigh..."
the nurse's finger reaches toward
her own ankle tracing
the saphenous vein moving
slowly up her white hose,
near the knee her nail catches.
There is a sound like silk ripping
and for a second her hand

NUMERI

Lei mi ricorda dove ha nascosto
il rotolo di dollari d'argento, e di non
dimenticare di giocarle i numeri del Lotto
il Lunedì e Giovedì,
mi chiede ancora di recitarle le date di nascita
dei fratelli maggiori di suo padre
e l'indirizzo della sua prima
casa a Newark Avenue.
Per accontentarla annuisco,
annoto i numeri
prima che l'infermiera della cardiologia
entri nella stanza e scivoli
nella sedia di vinile verde.
Venticinque, forse trent'anni,
Con l'uniforme bianca si appoggia
in avanti, le tocca il petto,
inizia, "Qui l'arteria mammaria
interiore è asportata dall'interno
della parete toracica..."
    C'è un dolore malinconico
nel mio cervello così tengo la testa bassa
e ascolto il tintinnio
del ventilatore.
    "Una rasatura chirurgica,
a tutto corpo, dal collo alle cosce..."
il dito dell'infermiera si allunga verso
la caviglia seguendo
la vena safena e muovendo
lentamente il tubicino bianco,
vicino al ginocchio la sua unghia si impiglia.
C'è un suono come di seta strappata
e per un secondo la mano

slips under the hem of her skirt
then reappears to chart
the blockages and leaking valve,
half-closes the scrim
curtain, pats my arm
as she says, "You both
should get some
rest."

    Before I leave
my mother insists
I take a five for the gas,
then squeezes my wrist,
"Play the room number,
play 4-4-6."

scivola sotto l'orlo della sua gonna
poi riappare per sistemare
i blocchi e la valvola che perde,
socchiude la tenda,
mi dà una pacca sul braccio
mentre dice, "tutti e due
avete bisogno di un po'
di riposo."
    Prima che me ne vada
mia madre insiste
che prenda cinque dollari per la benzina,
poi mi stringe il polso,
"Gioca il numero della stanza,
gioca 4-4-6."

TRANSPLANTING THE FIG TREE

It took us hours with pick
and shovel to pry it out of the ground,
   working in silence while above us
a bank of cirrus appeared
then vanished behind the Kittatinnies.
   We knelt down and reached in
to untangle the roots,
our hands together in the earth again,
   but this time no relatives beneath
a green striped canopy
chanting prayers for our lost daughter.
   We wrapped the tree in burlap
stood over the hole, piles of rock
and Jersey loam all around us,
   your hair pulled back
and twisted into a knot
   clipped tightly behind your head,
a streak of white exposed
I'd never seen before.

Trapiantare il Fico

Ci sono volute ore di piccone
e pala per cavarlo fuori dal terreno,
  lavorando in silenzio, mentre sopra di noi
un banco di cirri è apparso
per poi sparire dietro le Kittatinnies.
  Ci siamo inginocchiati e allungati
per districare le radici,
le nostre mani di nuovo insieme nella terra,
  ma stavolta senza parenti sotto
un baldacchino a strisce verdi
a cantare preghiere per la nostra figlia perduta.
  Abbiamo avvolto l'albero nella juta
siamo rimasti in piedi sopra la buca, cumuli di roccia
e argilla del Jersey tutto intorno a noi,
  i tuoi capelli tirati indietro
e intrecciati in una crocchia
  fissata saldamente dietro la testa,
appariva una screziatura di bianco
che non l'avevo mai vista prima.

GATORS

Could you blame us for believing
tales of them lurking down there—
leather-backed and rippled with warts,

growing big as logs
from a steady diet of sewer rats
and gutter trash, slogging
their way through the city pipes,
bellies riddled with open sores,
silently skulking under the tenements

while stories above them
our mothers pushed vacuums and fried pork
and our fathers sidled up to the bar
at Ralph's Tavern grumbling about layoffs
and alternate-side-of-the-street parking,

lazing months and years away
under one neighborhood, toothy-snouted,
witless brutes with a penchant
for devouring their own young.

ALLIGATORI

Potresti rimproverarci di aver creduto
ai racconti di loro appostati laggiù—
dorso di cuoio increspato di escrescenze,

che diventano grandi come tronchi
per via di una dieta fissa a base di topi di fogna
e scarico di grondaia, che si inerpicano
attraverso le tubature cittadine,
i ventri infestati di piaghe aperte,
che si appostano silenziosi sotto i caseggiati

mentre piani sopra di loro
le nostre madri spingono aspirapolvere e friggono maiale
e i nostri padri sgattaiolano verso il bar
a Ralph's Tavern lamentandosi dei licenziamenti
e del parcheggio a lati alterni della strada,

che oziano per mesi e anni
sotto un quartiere, il muso pieno di denti,
bruti incoscienti con un debole
per divorare la propria prole.

Espalier

Ruthless with shears,
  a mouthful of tacks
and coiled wire,
  he pinched back
and pruned
  the rampant growth,
winding and torquing
  heavy gauge copper
around what he'd chosen
to leave,
hammering each tack home
  until he'd shaped
the young pear
  into a simple cross
against the garage wall,
  each joint knuckled
where the limbs,
  knotted thick
with next spring's blow,
  twisted to join
  the trunk
he'd carefully wrapped
against winter scald
  and staked true
to the ground.

SPALLIERA

Spietato con cesoie,
  una bocca piena di puntine
e filo arrotolato,
  ha rimosso
e potato
  la crescita dilagante,
curvando e torcendo
  pesanti cavi di rame
attorno a ciò che aveva scelto
di lasciare,
martellando ogni bulletta al suo posto
  finché non avesse dato
al giovane pero
  la forma di una semplice croce
contro il muro del garage,
  una nocca su ogni giuntura
in cui i rami,
  annodati saldamente
per la brezza della prossima primavera,
  si intrecciavano per unirsi
  al tronco
che con cura aveva avvolto
per riparali dalle ustioni dell'inverno
  e fissato fermamente
al suolo.

FISHHOUSE ROAD

My plan was to undo the tubes
and thrumming machines,
dress you in khaki trousers and shirt,
leave the hospital looking for water.

Maybe drive out along Fishhouse Road
until we came to a pull-off
where I could slide the Cartopper
over the mud and put in.

The water would be warmer
than the air and clear
before the first hard fall rains,
with a thick mist welling up
from the marsh grass.

We'd thread nightcrawlers
on a double rig of snelled bait-holders
and bottom fish the morning.

Hopefully spot a little joint
along the shoreline
where we could pull in
for some beer and hot lunch
before the wind turned against us
and the rain began.

FISHHOUSE ROAD

Il mio piano era quello di staccare i tubi
e le macchine vibranti,
vestirti in pantaloni kaki e camicia,
lasciare l'ospedale in cerca di acqua.

Forse guidare lungo Fishhouse Road
finché non raggiungevamo un'uscita
dove poter far scivolare il Cartopper
sul fango ed entrare in acqua.

L'acqua sarebbe stata più calda
dell'aria e pulita
prima delle prime forti pioggie autunnali,
insieme a una fitta nebbia zampillante
dall'erba di palude.

Avremmo infilato lombrichi
su un'esca con un doppio filo di nylon
e pescato a fondo alla mattina.

Magari trovato un piccolo locale
lungo il litorale
dove poter entrare
per un po' di birra e un pasto caldo
prima che il vento si rivoltasse contro di noi
ed iniziasse la pioggia.

EARL'S ROSES

Just when I thought it was safe
to plant, the shrufts of grass
whiten, the ground crusts
one more time. I had such plans
for the marigolds, along the walk
maybe, or in a circle around
the arborvitae, then the stonecutter
phones and says we should
come into town to check the roses
before he sets the granite.
He's proud of his roses,
one on each side of our daughter's name,
chiseled into the Wisconsin Rib-rock Red.
"Finest red granite you can buy,"
he bragged back in December.
"Guaranteed."

On Sitgreaves Street
half a mile from the Phillipsburg
Memorial Company two dogs gnaw
at a green plastic bag and
my wife begins tapping the dash—
too late for me to turn
on the radio now. Her finger
itches to trace the carved
petals. Her lips move
like she's counting the blocks.
In the stoneyard the dry stalks
of goldenrod are blistered
with galls. Inside, the white
worms sleep unaware
that even though the blood

LE ROSE DI EARL

Proprio quando pensavo fosse sicuro
piantare, i ciuffi d'erba
sbiancano, il terreno crostifica
di nuovo. Avevo tali piani
per le calendule, lungo la passeggiata
forse, o in cerchio attorno
alla tuia, poi lo scalpellino
telefona e dice che dovremmo
venire in città per controllare le rose
prima che posizioni il granito.
È orgoglioso delle sue rose,
una su ciascun lato del nome di nostra figlia,
cesellate nella roccia rossa del Wisconsin.
"Il granito rosso più pregiato che si possa aquistare,"
che ci aveva vantato in dicembre.
"Garantito."

　　A Sitgreaves Street
a mezzo miglio dalla Phillipsburg
Memorial Company due cani rosicchiano
un sacchetto di plastica verde e
mia moglie inizia a picchiettare il cruscotto
è troppo tardi per accendere
la radio adesso. Il suo dito
muore dalla voglia di ricalcare i petali
scolpiti. Le sue labbra si muovono
come se stesse contando gli isolati.
Nel cortile del marmista gli steli secchi
di asteracea sono rigonfi
di galle. All'interno, i vermi
bianchi dormono senza sapere
che anche se c'è il sangue

is up in the red osiers
along River Road, a thousand
screeching starlings still roost
on the Easton bridge,
unaware that the spiders
have crawled out of their rolled
leaves and are readying
their sticky silk to stretch
from corner to corner,
limb to limb, unaware that my wife's
finger has wiped the dust
from the petals of Earl's roses,
that she's anointing her
forehead, her lips, that my beard
is turning white, that the dogs
are running down South Main Street
past Saint Philip and Saint James
Church, past the statue of Columbus
with the world in his hand,
dragging the bag between them.

nei salici rossi
lungo River Road, un migliaio di
striduli storni sono ancora appollaiati
sul ponte Easton,
senza sapere che i ragni
sono strisciati fuori dalle loro foglie
accartocciate e stanno preparandosi
ad allungare la loro seta appiccicosa
da un angolo all'altro,
da ramo a ramo, senza sapere che il dito
di mia moglie ha spazzato via la polvere
dai petali delle rose di Earl,
che le sta ungendo
la fronte, le labbra, che la mia barba
sta diventando bianca, che i cani
stanno correndo giù per South Main Street
oltre le chiese di Saint Philip e Saint
James, accanto alla statua di Colombo
con il mondo in mano,
e trascinano il sacchetto via con loro.

RAW ANIMAL DEEP

Isn't it enough the new grass
still marks the precise opening
of the earth, our own faces
grow more wrinkled every year,
must you kneel to a verse
from an old book, dig
your fingers into this rich
Jersey loam, reach down
and settle in the iris
corms?
     Seeing your hair turn white
and the sky purple makes me think
of the heavy smell of overripe fruit,
sweat-soaked bed sheets, a woman
wandering from window
to window for some sign,
maybe the marsh wren's night whistle
or the sudden vision of a sphinx
moth, swift-winged, proboscis
uncoiling, taking its full
in the crowded phlox, flower
after flower pried open, raw animal
and plant deep in richness,
both equally silent about what flows
between them, no terrible
roaring or bared teeth,
just one world entering
another.

Animale Grezzo Profondo

Non è sufficiente che l'erba nuova
segni ancora l'esatta apertura
della terra, che i nostri volti
diventino più rugosi, ogni anno,
che ci si deva inginocchiare per un verso
di un vecchio libro, affondare
le dita in questo ricco
terriccio del Jersey, arrivare a fondo
e seminarci bulbi
di iris?
    Vedendo i tuoi capelli diventare bianchi
e il cielo viola mi fa pensare
all'odore pesante di frutta troppo matura,
a lenzuola intrise di sudore, a una donna
vagante da finestra
a finestra in cerca di segni,
forse il fischio notturno dello scricciolo di palude
o l'improvvisa visione di una falena
sfinge, celermente-alata, a proboscide
spiegata, che fa il pieno
nell'affollato flox, forzando fiore
dopo fiore, animali e vegetali
grezzi profondamente ricchi,
entrambi ugualmente silenti su quel che scorre
tra loro, niente tremendi
ruggiti o denti o digrignati,
soltanto un mondo che entra
in un altro.

Xmas Tree Lot
Tribeca 2001

By the time we arrived downtown
the biggest ones had fallen on their sides,

their once elegant branches splayed
and oozing gum on the cracked sidewalk,

some unshorn balsams were propped against the wind,
trunks lashed to the chain-link fence,

and the $10 come-ons had their bottoms nailed
to little wooden crosses.

If this were a pop-up picture book
the steady drizzle would have changed over,

filled the night air with looping star-shaped flakes,
the four state troopers posted on the corner

behind the barricades would be ruddy-faced carolers
wrapped in red and green striped scarves,

and the guy selling trees would be cold sober,
bundled in a plaid woolen jacket to cover up his FDNY tie-dye,

that grumbling line of rubble-filled dump trucks,
of course, would have been painted out of the picture,

the mongrel tied to the bumper of the VW Cabriolet
air-brushed into an antlered reindeer hitched

ESPOSIZIONE D'ALBERI DI NATALE
TRIBECA 2001

All'ora che arriviamo in centro
i più grandi erano caduti sul fianco,

i loro rami, una volta eleganti, divaricati
e trasudanti gomma sul marciapiede crepato,

alcuni abeti non potati si appoggiavano al vento,
i tronchi legati alla recinzione,

e le offerte da 10 dollari avevano la base inchiodata
a piccole croci di legno.

Se questo fosse un libro animato
il costante piovigginio si sarebbe trasformato,

riempiendo l'aria notturna con un turbine di fiocchi stellati,
i quattro agenti statali appostati all'angolo

dietro le barricate sarebbero cantastorie dai volti coloriti
avvolti in sciarpe a strisce rosse e verdi,

e il ragazzo che vende gli alberi sarebbe del tutto sobrio,
infagottato in una giacca di lana scozzese per coprire la sua maglietta FDNY
scolorita,

quella fila borbottanante di autoribaltabili pieni di macerie,
sarebbe certo stata dipinta fuori dal quadro,

il meticcio legato al paraurti della Cabriolet VW
trasformato dall'aria in una renna cornuta legata

to a loaded sleigh ready to fly
through air clear of simmering smoke and haze,

and the reader would have no fear
of wetting a finger and turning to the next page.

ad una slitta carica pronta a volare
nell'aria tersa dal fumo e la foschia,

e il lettore non avrebbe paura
di inumidirsi il dito e voltare pagina.

Stray

Picture it, and tell me what you would have done.
It's the first day of seventh grade; you have a Hall Pass,
the attendance list to deliver to the office,

if you open the door for him you know Sister
will push you into a corner and make you add
another thorn to the Sacred Heart pinned

to the bulletin board, but you also know
what it'll be like once he's inside, the sound
his padded feet and clicking black nails

will make on the wax-slickened floor,
the slap of his long tail against the legs
of the plaster saints, the roar of wild laughter

as he goes door to door, up and down the aisles
past the waving hands and kicking feet,
the musky smell of his wet hair as he backs Sister Phyllis,

her rosary in one hand and robes gathered in the other,
into the cloakroom, lifts a leg to mark her
yardstick and favorite pi chart, wipes his nose

across Richie Papp's new suede boots,
barks Tommy Chiccone out of his front row seat
and onto his desk full of A's, the scream

from Donna Quinn when he shimmies his haunches
against her crossed bare legs, and you know
how disappointed you'll be when you see how easily

RANDAGIO

Immaginatelo, e dimmi cos'avresti fatto.
È il primo giorno di seconda media, hai un Hall Pass,
l'elenco delle presenze da consegnare in ufficio,

se apri la porta per lui sai che la suora
ti spingerà in un angolo e ti farà aggiungere
un'altra spina al Sacro Cuore appuntato

alla bacheca, ma sai anche
come sarà una volta che lui sarà dentro, il suono
che i suoi piedi felpati e le sue nere unghie ticchettanti

faranno sul pavimento patinato di cera,
il colpo della sua lunga coda contro le gambe
dei santi in gesso, il ruggito della sua risata selvaggia

mentre passa da porta a porta, su e giù per i corridoi
oltre le mani che salutano e i piedi che scalciano,
l'odore muschiato del suo pelo umido mentre si accosta a Suor Phyllis,

il rosario in una mano e gli accappatoi raccolti nell'altra,
nello spogliatoio, solleva una zampa per segnare
la stecca e il grafico circolare preferito, strofina il naso

contro i nuovi stivali di camoscio di Richie Papp,
abbaiando, fa scattare Tommy Chiccone dalla sedia in prima fila
sulla sua scrivania piena di A, l'urlo

di Donna Quinn quando scuote le anche
contro le sue gambe nude accavallate, e tu sai
quanto rimarrai deluso nel vedere la facilità con cui

DRIVING WEST ON THE PULASKI SKYWAY

Mr. Kelly, the janitor, will coax him
into the Utility Room with a couple of slices
of spiced ham on rye, scratch behind his pointy ears,

smooth the lean ridge of his spine and let him lick
his hands clean before he drags him outside
and slams the door in his face.

GUIDARE VERSO OVEST SULLA SKYWAY PULASKI

Mr. Kelly, il custode, lo persuade
ad entrare nel ripostiglio con un paio di fette
di pane di segale e prosciutto speziato, una grattata dietro le orecchie a punta,

una lisciata sul magro crinale della spina dorsale e facendogli leccare
le mani prima di trascinarlo fuori
e sbattergli la porta in faccia.

WHAT A MAN DOES IN THE MIDDLE OF THE NIGHT

2 a.m. No surprise, just something in the blood of fathers
that stirs us in the still dark hours of the night
to walk the rooms of our houses, counting children,
checking door locks.

When I was twelve the scrape of a match-stick woke me
to find you in the green wing-chair,
the chair you could sit in with your work clothes on,
a tip of red fire glowing like a third eye in the darkness,
bare-chested, a glass of Ballantine Ale in your hand.

I watched to learn what a man does in the middle of the night,
listening to your deep drags on the Chesterfield
and lips sipping ale until the glass was empty,
the cigarette dead, crushed in mother's best china ashtray.

CHE UN UOMO FA NEL CUORE DELLA NOTTE

2 del mattino. Nessuna sorpresa, solo qualcosa nel sangue dei padri
che ci agita nelle ore ancora buie della notte
a camminare per le stanze delle nostre case, contando figli,
controllando serrature.

Quando avevo dodici anni il raschiare di un fiammifero mi ha svegliato
per trovarti nella poltrona verde,
la sedia su cui potevi sederti coi vestiti da lavoro,
una punta di fuoco rosso ardente come un terzo occhio nel buio,
a torso nudo, un bicchiere di Ballantine in mano.

Ho osservato per imparare ciò che un uomo fa nel bel mezzo della notte,
ascoltando i tuoi profondi tiri di Chesterfield
e le labbra sorseggianti birra fino a quando il bicchiere era vuoto,
la sigaretta finita, soffocata nel miglior posacenere di porcellana della madre.

Sphinx Moth

(for Stanley Kunitz)

> Turning over
> the layered compost
> I uncovered
> the pupa,
> morphed
> from the pale-green,
> black horned
> ravager
> of nightshades,
> no bigger
> than a bit of fox scat,
> the segmented
> abdomen wriggling
> and slippery
> to the touch,
> elongated proboscis—
> a looped jug handle
> latched
> head to thorax.
> Promise of thick
> feathery antennae
> and four inch powdered
> wings
> hovering over beds
> of salvia and phlox
> etched into the waxy gray-
> brown husk,
> spared by last summer's
> parasitic wasps
> and somehow not staved
> by the tiller's
> spinning blades.

Falena Sfinge

(per Stanley Kunitz)

    Ribaltando
il compost a strati
    ho scoperto
la pupa,
    tramutata
dal verde pallido,
in una nera cornuta
    predatrice
di ombre notturne,
    non più grande
di una cacca di volpe,
    l'addome
segmentato guizzante
e scivoloso
    al tatto,
la proboscide allungata—
un manico di brocca a spirale
    che aggancia
la testa al torace.
    Promessa di spesse
antenne piumate
e quattro pollici di ali
    impolverate
librandosi su letti
    di salvia e flox
mordeva la buccia cerata
    grigio-bruna,
risparmiata dalle vespe parassite
    della scorsa estate
e in qualche modo non scorticata
dalle lame rotanti
    dell'agricoltore.

Schooley's Mountain

You were a stiff-eared devil,
eyes bulging with secrets,
hanging in the taproom
of the D & J Bar, hocks
cut and bloodied,
your points sawed
off, already nailed
to the beam.

I was a boy filling
the glasses of old men.
Somewhere in the Kittatinnies
they buried your heart
and liver. Your gonads,
kicked under the leaves,
waited for the slippery
kisses of wild dogs.
On your chin blood
and slaver mixed,
proving that despite all
that tough talk
on Schooley's Mountain,
you did not go down easy.

Tonight I could kiss
the grizzled lips of the wound
where the bullet entered
and shattered flesh and lung,
crawl between your ribs,
call you uncle, brother,
father, wear your skin
and find your woman

SCHOOLEY'S MOUNTAIN

Eri un diavolo dalle orecchie rigide,
gli occhi zeppi di segreti,
che ciondolava nel salone
del club D&J, gli zampetti
tagliati e sanguinanti
i tuoi punti segati
già inchiodati
alla trave.

Ero un ragazzo che riempiva
i bicchieri di uomini anziani.
Da qualche parte nel Kittatinnies
ti avevano sepolto cuore
e fegato. Le tue gonadi,
calciate sotto le foglie,
aspettavano i viscidi
baci dei cani selvatici.
Sul tuo mento un misto
di sangue e bava,
a dimostrare che, nonostante tutti
quei difficili discorsi
sulla montagna di Schooley,
non hai ceduto facilmente.

Stasera ho potuto baciare
i lembi rugosi della ferita
in cui è entrato il proiettile
e la carne a brandelli e il polmone,
strisciarti tra le costole,
chiamarti zio, fratello,
padre, indossare la tua pelle
e trovare la tua donna

beneath the viburnum,
hear the trees pumping
the music of salvation,
be a dresser of sycamores
and smell the bitter scent
of young leaves in April.

GUIDARE VERSO OVEST SULLA SKYWAY PULASKI

sotto il viburno,
sentire gli alberi pompare
la musica della salvezza,
essere una credenza di platano
e sentire il profumo amaro
delle giovani foglie d'aprile.

HORNETS

Drugged and liberally dosed
with methylcarbamates
they spilled and tumbled
out of the tattered mouth,
some charged the windows,
flailed against the shake walls,
aimlessly flew into the dusk,
smacked against our ornamentals,
and repeatedly, the neighbor's car,
others, wings unworkable,
writhed and twitched
on the porch floor.

Overnight we slept in separate rooms
while the smell of insecticide
dissipated throughout the house.
In the morning, when it was all over,
I thought of going upstairs
to rouse you, announce
the back porch was ours again,
relate how the paper walls
had caved in around them,
how the wounded thick
on the floor with their stingers primed,
in the little time they had left
jabbed and pumped venom
into each other.

CALABRONI

Drogati e intensamente intontiti
di metilcarbammati
sono fuoriusciti sgorgando
dalla bocca lacera,
alcuni si sono accalcati alle finestre,
dimenati contro i muri tremanti,
hanno volato senza meta nel crepuscolo,
sbattuto contro i nostri ornamenti,
e ripetutamente, contro l'auto del vicino,
altri, con ali danneggiate,
si contorcevano e contraevano
sul pavimento del portico.

Durante la notte abbiamo dormito in stanze separate
mentre l'odore di insetticida
si dissipava per la casa.
Al mattino, quando tutto è finito,
ho pensato di andare di sopra
a svegliarti, ad annunciarti
che la veranda sul retro era di nuovo nostra,
a riferirti come la carta da parati
gli fosse crollata addosso,
come i feriti assiepati
sul pavimento coi pungiglioni pronti,
nel poco tempo che gli era rimasto
si erano conficcati e pompati veleno
l'uno nell'altro.

PERFUME

Driving back home
to supper, wife and kids
I couldn't get it off me—
resinous and earthy
something maybe Versace
or Auric blended,
brewed and marketed
for the boomer woman—
    bussed
cheek to cheek,
breast to chest.
Ylang-ylang, Calabrian bergamot,
sandalwood
    fixed fast
even where the spritzed
fine hair of my old friend's arms
rubbed against my button-down
while my eyes steadied
    on her mother—
powdered, permed, and sewn,
laid out in shades of plum,
crystal rosary twined
finger to finger,
hand over hand,
    the three tiny nails
on the silver cross glinting
under the recessed lights,
the air around us arranged
and heavy with freesia,
rose, and tinted mum.

PROFUMO

Guidando a casa
verso cena, moglie e figli
non riuscivo a togliermelo di dosso—
resinoso e terroso
un misto fra
Versace o Auric,
prodotto e commercializzato
per la donna-boomer
sfiorata con le labbra
guancia contro guancia,
seno sul torace.
Ylang-ylang, bergamotto di Calabria,
sandalo
fissati rapidamente
anche dove i sottili peli
spruzzati delle braccia del mio vecchio amico
mi si strofinavano sulla camicia
mentre i miei occhi stavano fissi
su sua madre—
incipriata, permanentata, e cucita,
acconciata nei toni del prugna,
il rosario di cristallo attorcigliato
fra dito e dito,
una mano sopra l'altra,
e i tre piccoli chiodi
sulla croce d'argento che scintillano
sotto le luci incassate,
l'aria intorno a noi allestita
e pesante di fresia,
rosa e crisantemo colorato.

COYOTES AT 2 A.M.

There must've been a dozen of them,
their yips and howls,
        so human, I woke
thinking it was the new widow
two doors down, yelling for help.

They had something on the run,
        a neighbor's dog
or maybe the gimpy buck that's hung
around the orchard since opening day

pawing for shriveled apples under the snow—
        his rack long gone,
left to the voles and mice
to gnaw through the dead of winter.

Pet dog, lame buck, whatever—I heard
        them work him in a circle,
each lap shrinking as they closed in.

I left the window,
found the way back to my side of the bed.
Along the wall the radiator ticked
        as it slowly cooled.

COYOTE ALLE 2:00 DEL MATTINO

Devono essere stati una dozzina,
i loro guaiti e ululati,
    così umani, che mi sono svegliato
pensando che fosse la nuova vedova
due porte più in là, urlante d'aiuto.

Portavano qualcosa con sé nella corsa,
    il cane di un vicino
o forse il cervo storpio che ha gironzolato
per il frutteto dal giorno di apertura

cercando mele avvizzite sotto la neve—
    le costole ormai andate,
lasciate alle arvicole e ai topi
che le rosicchiano nel pieno dell'inverno.

Cucciolo di cane, cervo zoppo, o cos'altro—li ho sentiti
    che lo aggiravano,
restringendosi ad ogni cerchio fino a rinchiuderlo.

Ho lasciato la finestra,
fatto ritorno al mio lato del letto.
Lungo la parete il radiatore ticchettava
    mentre si raffreddava lentamente.

ELEGY
(for H.H. & M.H.)

Skeet got the 50 horse Kubota
from your boy, mounted it up
with the front-loader bucket
and the anti-scalp 85" mower deck,
cuts his place,
                    and sometimes
yours, along with that gravelly strip
of roadside curving down to the culvert.

Johnson grass and sow thistle's taken
the twenty acres of corn you left standing
and last month a crew of Mexicans tore down
the cow barn, stripped the house
to the tar paper,
                    then disappeared.
Sheep pasture's been surveyed,
broken up into three lots staked out
with little strips of fluorescent orange plastic
flying over the best view on your place,

but no one's touched those chestnut stumps—
giants you showed me that fell to the blight
the year before the power company strung line
this far back,
                    and that slip of trumpet vine
you asked me for and stuck next to the mailbox,
has spread over the stone embankment.
The hummers you wanted so bad
have found it,

ELEGIA
(per H.H. & M.H.)

Skeet ha avuto la Kubota a 50 cavalli
dal tuo ragazzo, ci è montato su
con la benna frontale
e la falciatrice anti-scalpo 85",
taglia il suo posto,
          e talvolta
il tuo, insieme a quella striscia di strada
ghiaiosa che svia nel canale sotterraneo.

Il sorgo selvatico e il soncino hanno infestato
i venti acri di mais che hai lasciato in piedi
e il mese scorso una ciurma di messicani ha demolito
la stalla, spogliato la casa
dalla carta catramata,
          per poi scomparire.
Il pascolo ovino è stato misurato,
suddiviso in tre lotti delimitati
con sottili strisce di plastica arancio fluorescente
che svolazzano sullo scorcio migliore del tuo posto,

ma nessuno ha toccato quei ceppi di castagno—
giganti che mi hai mostrato essersi arresi alla ruggine
l'anno prima che la società elettrica allungasse i suoi
cavi fin qui,
          e quello scampolo di bignonia
che m'hai chiesto e piantato vicino alla cassetta postale,
si è propagato oltre l'argine di pietra.
I colibrì che volevi così tanto
l'hanno trovato,

I saw a couple dipping
in those bright orange blossoms
just the other day, before a backfire
from the Kubota scared them off.

ne ho visti un paio immergersi
in quei brillanti fiori arancioni
proprio l'altro giorno, prima che un ritorno di fiamma
del Kubota li facesse volare via.

DUST AND SLEEP

Before dawn the clatter
of last night's forks
and spoons being sorted,
the chipped dishes shelved.
You're downstairs
making a bowl of oatmeal
and plans for our
daughter's birthday.

Eight o'clock Mass then
the cemetery, the afternoon
picking Japanese beetles
off the roses and
weeding the garden,
the burdock and
sow-thistle pulling
at your dress
while you hack through
their roots.

Something bland
for dinner, no talk
about the dusty curtains
and the way the bedroom
still holds her
fragrance, how you don't
sleep through the night,
wake up three, four
times from the same dream
counting her toes.

POLVERE E SONNO

Prima dell'alba il ticchettio
delle forchette e i coltelli
messi via ieri sera,
dei piatti scheggiati riposti sullo scaffale.
Tu sei al piano di sotto
che prepari una ciotola di fiocchi d'avena
e pianifichi il compleanno
di nostra figlia.

La Messa delle otto poi
il cimitero, il pomeriggio
a spulciare via coleotteri giapponesi
dalle rose e a
sarchiare il giardino,
il cardo e
il soncino che ti tiri
verso il vestito
mentre ne fai a pezzi
leradici.

Qualcosa di leggero
per cena, niente discorsi
sulle tende polverose
e il modo in cui la camera da letto
ancora trattenga la sua
essenza, su come tu non
dorma la notte,
ti svegli tre, quattro
volte per via dello stesso sogno
in cui le conti le dita dei piedi.

You know what I'm thinking,
it's late summer, the beetles
already have the roses
and there's a little yellow
spreading through the cherry leaves,
forget Mass, forget the cemetery,
forget weeding the garden,
let's stay close to home,
get a little drunk,
talk about dust and sleep.

Sai cosa sto pensando,
è estate avanzata, i coleotteri
hanno già ammorbato le rose
e c'è un po' di giallo
che si diffonde tra le foglie di ciliegio,
dimentica la Messa, dimentica il cimitero,
dimentica di sarchiare il giardino,
restiamo a casa vicini,
ubriachiamoci un po',
parliamo della polvere e dormiamo.

In the Waiting Room with My Wife
at the Lehigh Valley Women's Cancer Center

Rachael Ray is backing away
from her guest, shrieking
as the man approaches her
with a red, yellow, and black
banded snake wrapped
around both his hands.
It's a scarlet king that he swears
is harmless despite
the constantly flicking tongue
and waving angular head,
now just inches from her face.
He's also brought its venomous cousin,
the coral, in a locked cage
just for comparison,
at which point the camera
zooms in on the small,
thin-bodied reptile half-buried
in a layer of leaf litter.
Some of the women around us
have put down their copies
of *Country Living* and *Time*
to watch what happens next
when the man begs Rachael
to come closer and touch the clever mimic
and to see if she can tell
the difference between the two species,
but the woman across from us
in the pink terry turban
and matching running shoes
working the *Times* crossword
doesn't break her stare,

NELLA SALA D'ATTESA CON MIA MOGLIE AL LEHIGH VALLEY WOMEN'S CANCER CENTER

Rachael Ray sta indietreggiando
dal suo ospite, urlando
come se l'uomo le si stesse avvicinando
con un serpente a strisce
rosse, gialle e nere attorcigliato
fra le mani.
È un re scarlatto che lui giura
essere innocuo, nonostante
la lingua costantemente guizzante
e la testa spigolosa che si agita,
ormai a pochi centimetri dal suo viso.
Ha portato anche il suo cugino velenoso,
il serpente corallo, in una teca sigillata
solo per un confronto,
a quel punto la telecamera
si allarga sul piccolo,
rettile dal corpo sottile mezzo sepolto
da uno strato di foglie morte.
Alcune delle donne attorno a noi
hanno messo via le loro copie
di *Country Living* e *Time*
per guardare cosa succede dopo
quando l'uomo implora Rachael
di avvicinarsi e toccare l'intelligente imitazione
e per vedere se sa spiegare
la differenza tra le due specie,
ma la donna di fronte a noi
col turbante di spugna rosa
e le scarpe da ginnastica in tinta
che completa il cruciverba del *Times*
non smette di fissare,

even after Rachael's thrown up her hands
and pressed them against
her lush black mane, her lips
still quivering as she prepares
to cut to a commercial
for a product she loves
more than anything in the world.

anche dopo che Rachael ha tirato fuori le mani
e le ha premute contro
la sua nera chioma rigogliosa, le labbra
ancora tremanti mentre si prepara
per uno spot
di un prodotto che ama
più di ogni altra cosa al mondo.

SAINTS

Sister Phyllis insisted all the great ones
   were long gone,
   that it'd been centuries
since the most wondrous miracles were performed,
she said we had to go all the way back
   to the mystic marriage between Catherine of Sienna
   and the Infant Christ,
   or the great ecstasy of Teresa Avila—
her heart pierced by an angel's fiery dart—
   to see the grand play of heaven's handiwork,
but that these were times
that demanded extraordinary actions,
   corporal works of mercy
   from the faithful,
all this while a steady snow
quickly covered the window ledges
and the ends of Kathleen Pearce's hair
were drawn to the static from my mechanical pencil,
   another everyday miracle
   for me to be thankful for
while Sister led our seventh grade class
through a decade of the rosary
and an impromptu Martyr's Prayer
   so we'd be ready
   if ever we were called.

SANTI

Suor Phyllis insisteva che tutti i grandi
   erano ormai andati,
   che erano passati secoli
da quando i miracoli più meravigliosi erano stati eseguiti,
diceva che dovevamo andare indietro
   al matrimonio mistico tra Caterina da Siena
   e Gesù,
   o alla grande estasi di Teresa Avila—
il suo cuore trafitto dal dardo ardente di un angelo—
   per comprendere la grandiosa opera del cielo,
ma che questi erano tempi
che richiedevano azioni straordinarie,
   opere corporali di misericordia
   da parte dei fedeli,
tutto questo mentre una neve costante
rapidamente copriva i davanzali della finestra
e le estremità dei capelli di Kathleen Pearce
erano rese elettriche dalla mia matita meccanica,
   un altro miracolo quotidiano
   di cui essere grato
mentre la Suora guidava la nostra classe di seconda media
attraverso una decade del rosario
e una preghiera ai martiri improvvisata
   così che saremmo stati pronti
   semmai fossimo stati chiamati.

The Way the Maples Filled Out

Mid-May, and for three days
now I have watched the purple
finches carrying twigs
and mud into the juniper. Today
I turn my attention to the garden.
My wife is on her knees
between the rows of spinach and shell
beans, mudding in the cabbages.
Last night in bed she admitted
that she doesn't have the heart
to thin out the carrots this year.

Neighbors pass in their cars, slow
down, and wave. I've heard
they're happy we're busy again,
glad to see we've divided the bed
of blue flag, and cut back
the mock orange and forsythia
into comfortable green mounds.

For me it was the way
the maples filled out on the first
warm day in late April, going
from a green fuzz to full leaf
overnight, waking me when I heard
their voices whispering in the open window.

The next morning I drove
to Cierich's Greenhouse. A flock
of gulls tired of chasing a tractor
across a plowed field watched

Il Modo in cui gli Aceri Si Sono Irrobustiti

Metà maggio, e da tre giorni
ad ora ho guardato i fringuelli
porpora portare ramoscelli
e fango nel ginepro. Oggi
rivolgo la mia attenzione al giardino.
Mia moglie è in ginocchio
tra file di spinaci e baccelli di
fagioli, infangata fra i cavoli.
Ieri sera a letto, ha ammesso
che non ha il cuore
di sfoltire le carote quest'anno.

Vicini di casa passano in macchina, rallentano,
e salutano. Ho sentito
che sono contenti di vederci impegnati di nuovo,
felici di vedere che abbiamo diviso l'aiuola
di iris, e sfoltito
il fior d'angelo e la forsizia
in comode montagnole di verde.

Per me è stato il modo in cui
gli aceri si sono irrobustiti nella prima
giornata calda di fine aprile, passando
da una peluria verde ad una foglia piena
durante la notte, svegliandomi quando ho sentito
le loro voci sussurrare dalla finestra aperta.

La mattina successiva ho guidato
a Cierich's Greenhouse. Uno stormo
di gabbiani stanchi di inseguire un trattore
attraverso un campo arato mi guardava

as I picked out a flat of red and
white geraniums for the front border.

I saved three red ones
for the grave. I wish I could say
I had the courage to genuflect,
cross myself, and pray
the Miserere when I got there.
Or tell you that I brushed aside
the wands of red poppies,
kissed the stone and combed
my fingers through the loam
for messages from my daughter, but
no, all I could do was dig
three holes, set in the red geraniums
and firm the soil around them.

mentre sceglievo una zolla di gerani rossi e
bianchi per la bordura anteriore.

Ne ho salvati tre rossi
per la tomba. Vorrei poter dire che
ho avuto il coraggio di genuflettermi,
fare il segno della croce, e pregare
il Miserere, quando sono arrivato.
Oppure dirti che ho spazzato via
i pistilli dei papaveri rossi,
baciato il marmo e pettinato
il terriccio con le dita
in cerca di messaggi da mia figlia, ma
no, tutto quello che ho potuto fare è stato scavare
tre buchi, posizionarci i gerani rossi
e consolidare il suolo attorno a loro.

Acknowledgements

Many thanks to the editors of the following journals in which these poems appeared:

Atlanta Review: "Fishhouse Road"
Cimmaron Review: "Earl's Roses"
Gettysburg Review: "Poachers" and "Nearly Wild"
Journal of New Jersey Poets: "Geography Lesson at the Middle School
    Planetarium" and "Transplanting the Fig"
Meridian: "Cleaning Out the Closet"
Poetry East: "Shotgun"
Poetry International: "Culling" and "Tumblers"
Poet Lore: "Believing the Wren", "The Purple Bike", "After the Monument",
    "Salesman's Pitch", "Loose and Talking Spring", "Bad Hop", "Dust and
    Sleep", "Raw Animal Deep", and "Saints"
Poetry Northwest: "On the Black and White", "Hiring On at the Abattoir",
    "Father and Son Communion Breakfast", "Blessed Himself", "Numbers",
    "Jersey City Heights in the Late 40's", and "Schooley's Mountain"
Rattle: "Hornets"
Slipstream: "What a Man Does in the Middle of the Night"
Southern Poetry Review: "Self-Portraits on the Bulletin Board at the First
    Grade Open House", "Traffic Jam Under the Kennedy Boulevard
    Overpass", "Snapping Turtle", "Gators", and "Espalier"
The Sun: "The Way the Maples Filled Out"
Tar River Review: "First Shave", "Stray", "Sphinx Moth", and "Coyotes at 2 a.m."
Upstreet: "Xmas Tree Lot Tribeca 2001"
Voices West: "Driving West on the Pulaski Skyway"
Washington Square: "Devil's Dish", "Steel-Toes", and "Rites"
West Branch: "7 Precious Mushrooms" & "On Three Legs"
Yarrow: "The Way the Maples Filled Out"

Many thanks to the editors of Decomposition *(Lost Horse Press) in which "7 Precious Mushrooms" appeared.*

"On the Black and White", "Hiring On at the Abattoir", "Father and Son Communion Breakfast", & "Schooley's Mountain" — this group of poems received the **Theodore Roethke Poetry Prize** from David Wagoner at *Poetry Northwest*

"Believing the Wren" received **The Rose Lefcowicz Award** from *Poet Lore*

ACKNOWLEDGEMENTS

Many thanks to Joyce for her love and encouragement.

Also, a big thank you to the many friends who helped with criticism of individual poems and developing the structure of this collection: Steve Myers, Harry Humes, and the poets at NCC. Deep thanks to Len Roberts, who encouraged me from the beginning and showed me the way.

Thanks to Paul Martin for his steadfast belief in my work.

Thanks to Chuck Leauber, old friend, great listener and storyteller himself.

Gratitude to my cousin, Tim, for the use of his painting "West of I&9" on the cover of this book.

My gratitude to the **National Endowment for the Arts** and the **New Jersey State Council on the Arts** for fellowships that helped in the writing of some of these poems, and of course, to **The Sonia-Raiziss-Giop Charitable Foundation** for sponsoring the Bordighera Prize and promoting the publication of Italian-American literature.

THE BORDIGHERA POETRY PRIZE

Sponsored by

THE SONIA RAIZISS-GIOP CHARITABLE FOUNDATION

LEWIS TURCO, *poet*
JOSEPH ALESSIA, *translator*
A Book of Fears • *Un libro di fobie*
$9.00 paper • $19.95 hardback

JOE SALERNO, *poet*
EMANUEL DI PASQUALE, *translator*
Song of the Tulip Tree
La canzone della magnolia
$14.95 hardback

LUISA ROSSINA VILLANI, *poet*
LUIGI FONTANELLA, *translator*
Running Away from Russia
Fuggendo via dalla Russia
$11.00 paper or hardback

STEPHEN MASSIMILLA, *poet*
LUIGI BONAFFINI, *translator*
Forty Floors from Yesterday
Quaranta piani da ieri
$14.00 paper • $19.00 hardback

JANE TASSI, *poet*
NED CONDINI, *translator*
And Songsongsonglessness
E nonuncantononuncantouncanto
$14.00 paper • $19.00 hardback

GERRY LaFEMINA, *poet*
ELISA BIAGINI, *translator*
The Parakeets of Brooklyn
I parrocchetti di Brooklyn
$14.00 paper • $19.00 hardback

CAROLYN GUINZIO, *poet*
FRANCO NASI, *translator*
West Pullman
$14.00 paper • $19.00 hardback

GRACE CAVALIERI, *poet*
MARIA ENRICO, *translator*
Water on the Sun • *Acqua sul sole*
$14.00 paper • $19.00 hardback

EMILY FERRARA, *poet*
SABINE PASCARELLI, *translator*
The Alchemy of Grief
Alchimia del dolore
$14.00 paper • $19.00 hardback

TONY MAGI
STRALE, *poet*
LUIGI BONAFFINI, *translator*
What She Says About Love
Quello che lei dice dell'amore
$10.00 paper • $19.00 hardback

MICHAEL LASORSA STEFFEN, *poet*
PAOLO RUFFILLI, *translator*
Heart Murmur • *Sussurro del cuore*
$10.00 paper • $19.00 hardback

CARLA PANCIERA, *poet*
LUIGI BONAFFINI, *translator*
No Day, No Dusk, No Love
Nessun giorno, nessun crepuscolo,
nessun amore
$10.00 paper • $19.00 hardback

MATTHEW M. CARIELLO, *poet*
AMBRA MEDA, *translator*
A Boat That Can Carry Two
Una barca per due
$10.00 paper • $19.00 hardback

Add $2.00 *shipping and handling*

BORDIGHERA PRESS • PO BOX 1374 • LAFAYETTE, IN 47902
E-MAIL: info@bordigherapress.org

SMALL PRESS DISTRIBUTION • 1341 SEVENTH STREET • BERKELEY, CA 94710–1403
TEL: 800.869.7553 • VISA AND MASTERCARD ACCEPTED

www.ingramcontent.com/pod-product-compliance
Lightning Source LLC
Chambersburg PA
CBHW060758050426
42449CB00008B/1449